J.G. Woerz

Die materiellen Rechtsgrundsätze des oesterreichischen Privilegiengesetzes

J.G. Woerz

Die materiellen Rechtsgrundsätze des oesterreichischen Privilegiengesetzes

ISBN/EAN: 9783743673519

Hergestellt in Europa, USA, Kanada, Australien, Japan

Cover: Foto ©Suzi / pixelio.de

Weitere Bücher finden Sie auf **www.hansebooks.com**

DIE MATERIELLEN RECHTSGRUNDSÄTZE DES OESTERREICHISCHEN PRIVILEGIEN-GESETZES.

VORTRÄGE

GEHALTEN IM K. K. OESTERR. HANDELS-MUSEUM

VON

DR. J. G. RITTER v. WOERZ,

K. K. MINISTERIAL-RATH IM HANDELS-MINISTERIUM.

SEPARAT-ABDRUCK AUS DEM „ILLUSTRIRTEN OESTERR.-UNGAR. PATENTBLATT".

WIEN 1890.
VERLAG VON ING. H. PALM (MICHALECKI & CO.).

Die materiellen Rechtsgrundsätze
des
österreichischen Privilegien-Gesetzes.

Einleitung.

1.

Unter einem Privilegium wird im Allgemeinen jede Ausnahme von einem Gesetze verstanden, die zu Gunsten einzelner Personen, Corporationen oder ganzer Gemeinden, Ländergebiete u. s. w. zu Recht besteht. In diesem Sinne hat es von jeher und schon in den frühesten Zeiten Privilegien aller Art gegeben: staatsrechtliche, auf Grund deren sich in einzelnen Theilen großer Reiche eine particulare Landesherrlichkeit entwickelte, Privilegien für religiöse Genossenschaften, für Militär, Adel, Städte, Zünfte u. s. w. Ja, das ganze Privatrecht stellt sich im Sinne des altrömischen Civilrechtes dem jus publicum gegenüber als ein Privilegium dar. Und nachdem diese Ausnahme vom öffentlichen Rechte im Interesse des bürgerlichen Lebens und bürgerlichen Verkehres zur Regel geworden war, entstanden auch dem gemeinen Rechte gegenüber wieder Ausnahmen.

Mit den zahllosen Privilegien dieser Art, die erst seit einem Jahrhundert — seit der französischen Revolution — in Abnahme begriffen sind, dürfen jene Privilegien, von denen hier die Rede sein soll, die **Erfindungs-Privilegien**, nicht verwechselt werden. Diese jüngsten aller Privilegien verdienen ihren Namen eigentlich nicht, weil sie keineswegs **Ausnahmen** von irgend einem Gesetze über das **Erfinderrecht** sind, sondern vielmehr **Zusätze** zum gemeinen Rechte, ganz neue Rechte zu Gunsten der Erfinder, auf welche im System des Privatrechtes nicht gedacht wurde und nicht gedacht werden konnte. Das Recht auf Erfindungen ist dem Civilrechte fremd, es wurde aber bei fortschreitender Entwicklung der Industrie in den einzelnen Staaten allmählig als Bedürfnis empfunden. Wenn dieses aus volkswirthschaftlichen Rücksichten entstandene Specialrecht zuweilen, und namentlich in Oesterreich, Privilegialrecht genannt wird, so hat es diese Bezeichnung wohl aus einem zweifachen Grunde erhalten. In sachlicher Hinsicht darum, weil es dem Erfinder als solchem eine Befugnis zuspricht, die nach gemeinem Rechte Niemand, nicht einmal der Eigenthümer als solcher an der ihm zu eigen gehörigen Sache hat, nämlich die Befugnis, anderen Personen die bloße Nachahmung seines Rechtsobjectes zu untersagen — also scheinbar ein Ausnahmsrecht. In formeller Hinsicht aber darum, weil dieses Recht jedem einzelnen Erfinder durch einen besonderen feierlichen Act des Landesfürsten als Gesetzgeber verliehen wurde, mithin infolge persönlicher Ausübung eines Majestätsrechtes seitens des Monarchen gleich einem Gnadenacte des Landesfürsten auf selbständiger Basis beruhte. In beiden Beziehungen jedoch hat die Bezeichnung „Privilegium" für den Erfindungsschutz, auch vom specifisch österreichischen Gesichtspunkte aus, nur eine historische Berechtigung. Die Rechtsanschauung und mit ihr auch die Form des Erfindungsschutzes änderte sich, der Name blieb. Der ursprüngliche und richtige Namen für die Gesetze zum Schutze der Erfinder ist „Patentgesetze", weil das besondere Recht, das sie enthalten, dem Erfinder mittelst eines „offenen Briefes" (literae patentes) verliehen und documentirt wird. Heutzutage ist der Name Patentrecht fast allgemein üblich, selbst in Oesterreich, wo der Name Privilegienrecht allerdings die gesetzliche Bezeichnung war und bis jetzt noch ist.

Insofern nun in gegenwärtigen Vorträgen vom Erfinderschutze in Oesterreich und von den diesbezüglichen gesetzlichen Bestimmungen die Rede sein wird, empfiehlt es sich, den officiellen Ausdruck „Privilegien-Gesetz" beizubehalten. Handelt es sich jedoch um den Erfindungsschutz überhaupt oder um ausländische Gesetze, welche denselben normiren, so wird der von der Wissenschaft acceptirte Ausdruck „Patentwesen" am Platze sein, und es wird demnächst wohl auch bei uns das Privilegien-Gesetz einem Patent-Gesetze weichen.

Die Wissenschaft des Patentwesens ist verhältnismäßig noch sehr jung, sie entwickelte sich erst im Laufe des jetzigen Jahrhunderts. Angeregt durch das praktische Bedürfnis nach Reformen der positiven Patent-Gesetze, erblickte sie selbstverständlich ihre eigentliche Aufgabe darin, vor Allem die Natur des Erfinderrechtes zu untersuchen. Aber in der Meinung, recht gründlich zu Werke zu gehen, folgte sie größtentheils einem idealistischen Schlagworte, welches die Staatsdoctrinäre der französischen Revolution ausgegeben hatten. In der Sitzung der französischen Nationalversammlung vom 7. Jänner 1791 war es nämlich als „Verletzung der Menschenrechte" erklärt worden, eine industrielle Erfindung nicht als das Eigenthum ihres Urhebers zu betrachten.

Seither lebte sich nun ein Theil der Gelehrtenwelt immer mehr in den schönen Gedanken hinein, daß das Erfinderrecht wirkliches Eigenthum sein müsse, da doch Jedermann ein natürliches Recht habe, die Früchte seiner Arbeit, der geistigen wie der materiellen, zu genießen. Das veraltete System des bürgerlichen Rechtes habe leider nur auf die Verhältnisse zwischen Personen und auf jene der Personen zu sachlichen Gütern Rücksicht genommen, hingegen das dem Sacheigenthume ebenbürtige Eigenthum an Gedanken, die eine industrielle Verwerthung mittelst Reproduction des Erfindungsgegenstandes zulassen, gänzlich ignorirt. Diese Lücke müsse ausgefüllt werden. — Daß eine solche Theorie in den Kreisen der Erfinder populär wurde, ist sehr begreiflich, denn in jedem Menschen steckt neben dem gesunden Egoismus auch eine Dosis reizbarer Eitelkeit; und wenn er hört, daß er von Natur aus berechtigt sei, seine Erfindung als sein Eigenthum zu betrachten, so ist es nicht zum Verwundern, wenn er verlangt, daß dieses Menschenrecht auch von der Gesetzgebung voll anerkannt werde. Daraus ergab sich für die Anhänger dieser Theorie von selbst, daß das Erfinderrecht keineswegs die Wirkung des Patentrechtes sein könne, sondern als Ursache des letzteren zu betrachten sei; der Staat habe das Erfinderrecht mittelst des Patentes nicht zu verleihen, sondern lediglich zu documentiren, und jede Reform der Patent-Gesetze wäre werthlos, wenn sie nicht auf dem Fundamente des a priori festgestellten Eigenthums an der Erfindung aufgebaut würde.

Heute jedoch muß diese Lehre, zu welcher sich noch der Pariser Patentcongreß 1877 bekannte, als eine von der Wissenschaft verworfene erkannt werden. Um zu einer sachgemäßen Ansicht über das Erfinderrecht zu gelangen, ist es gar nicht nöthig, in die Arena des doctrinären Streites herabzusteigen und die große Menge juristischer Fußangeln aufzudecken, mit denen der Kampfplatz ausgestattet ist. Will man erfahren, ob es ein natürliches Erfinderrecht gibt, und worin dasselbe besteht, ob und in wie weit also Ansprüche des Erfinders an die Gesetzgebung als berechtigt angesehen werden können, so braucht man nur das überaus einfache Verhältnis des Erfinders zu seiner Erfindung unbefangen in's Auge zu fassen.

Die Erfindung ist ein Gedanke des Erfinders, und es steht vollkommen in Belieben des Letzteren, den Gedanken zu äußern, vielleicht auch in irgend einer Form zu verkörpern, oder — bei sich zu behalten. Thut er das Letztere, so ist kein Zweifel, daß die Erfindung ganz und gar ihm selbst angehöre, weil sie — als Gedanke — eben einen Theil seiner eigenen Persönlichkeit ausmacht. Aber ein Rechtsobject ist der Gedanke in diesem Falle nicht, denn Niemand kann zu sich selbst in einem Verhältnisse stehen. Hier braucht er kein Recht und hier gibt es keines. Der Erfinder kann aber das, was er gedacht, ersonnen hat, auch äußern, entweder durch materielles Handeln und Schaffen oder durch irgend eine Art von Mittheilung an andere Personen. Zu dem, was eine Person physisch schafft, steht sie allerdings in einem Verhältnisse, welchem der Rechtsschutz gebührt, dem er übrigens durch das allgemeine bürgerliche Recht, durch die Bestimmungen über die Arten der Eigenthumserwerbung u. s. w. bereits thatsächlich gewährleistet ist. Hier hat also das Recht des Erfinders als Erfinder bereits sein Ende erreicht, und was er in Verfolgung seiner Zwecke etwa noch weiter wünschen mag, das kann nur seinem Einzelninteresse entsprechen, welchem die gemeinsamen Einzelninteressen aller Anderen, also der in Rechtsform erscheinende Wille der Gesammtheit, gegenüberstehen.

Es kann aber auch eintreffen, daß der Erfinder seinen Gedanken der Welt lediglich mittheilt, ohne ihn in der Gestalt eines Vermögensobjectes zu verkörpern. In diesem Falle jedoch gehört der Gedanke offenbar nicht mehr ihm allein, sondern Allen, denen er — direct oder indirect — mitgetheilt wurde, und jeder von ihnen hat genau dasselbe Recht wie der Erfinder, das von der eigenen Denkkraft einmal Erfaßte geistig zu verarbeiten, fortzuentwickeln, zu benützen und körperlich zu reproduciren. Diese vollkommen naturgemäße Rechtsgleichheit mag dem Erfinder sehr unangenehm sein, denn vielleicht hat er viele Mühe, Zeit und Kosten aufgewendet, um seinen Erfindungsgedanken voll auszudenken, und auch abgesehen hievon, möchte er sich für seine Mittheilung wohl in anderer Weise belohnt sehen, als durch das bloße Bewußtsein, der Gesammtheit einen Nutzen, eine Vermehrung der Ideen und Vermögensobjecte verschafft zu haben. Die Normen des Civilrechtes in Bezug auf Eigenthum bieten ihm allerdings keine materielle Entschädigung, weil eben jeder Andere auf die gleiche Art wie er selbst Eigenthümer einer körperlichen Sache werden kann, die freilich in der Aussenwelt gar nicht vorhanden wäre, wenn der Erfinder sie nicht zuerst erzeugt oder ihre Erzeugung veranlaßt hätte. Der Erfinder würde sich aber möglicherweise dann für entschädigt, oder besser gesagt: für belohnt halten, wenn der Gegenstand seiner Erfindung nur von ihm selbst, oder nur mit seiner Einwilligung reproducirt und benützt werden dürfte. Er möchte seinen Mitmenschen gegenüber ein Verbotsrecht erlangen, das ohne Zweifel ein mächtiger Sporn für den Erfindungsgeist wäre; allein das ändert nichts an der Thatsache, daß dem ganz begreiflichen einseitigen Interesse des Erfinders das absolute Vetorecht der Gesellschaft entgegensteht.

Indessen ist es immerhin denkbar, daß Umstände eintreten können, welche die Gesellschaft bewegen, dem Erfinder gegenüber auf ihr starres Recht zu verzichten und Ausnahmen von der allgemeinen Rechtsgleichheit zuzulassen. Es kommt nur darauf an, dass der Staat die Ueberzeugung gewinne, die rasche Verbreitung von Erfindungen sei nicht bloß eine Privatangelegenheit der Erfinder, sondern verdiene im ö f f e n t l i c h e n I n t e r e s s e auf exceptionelle Art begünstigt zu werden. Er wird dann einsehen lernen, daß ihm das natürliche Recht der Gesammtheit, Alles nachzumachen, dem gemeinnützigen Ziele, das er den Erfindungen geben kann, lange nicht so sicher und so rasch näher bringt, als wenn er unter gewissen Bedingungen und innerhalb gewisser Grenzen auf dieses Recht verzichtet und im gleichen Maße den Privatinteressen der Erfinder eine Berechtigung zuerkennt, die ihnen von Haus aus versagt war. So entsteht dann ein ganz neues Recht, das nicht in der allgemeinen Menschennatur, sondern in der Erwägung der öffentlichen Interessen eines bestimmten staatlichen Gemeinwesens seine Wurzel hat. Der bloße Wunsch eines Erfinders ist dem natürlichen Rechte der Gesammtheit gegenüber kein Rechtstitel; Recht kann im Staate nur das sein, was dem Gesammtwillen entspricht, und dieser Gesammtwille steht, — wie selbst die Vertheidiger des sogenannten Erfindungseigenthums zugeben — von Natur aus im contradictorischen Gegensatze zu dem Willen des Erfinders. Wie weit Letzterer über die Grenzen des natürlichen Rechtes hinausstrebe, ist für die Erkenntnis dessen, was der Staat dem Erfinder als neues Recht gewähren soll, principiell von gar keiner Bedeutung. Es hat sehr lange gedauert, bis sich endlich ein einzelner Staat entschloß, ein besonderes Erfinderrecht überhaupt anzuerkennen und zu garantiren. — Die Grundsätze für solche Rechtszuerkennung spricht nun eben das Patentgesetz aus und dieses ist somit die einzige Quelle des wirklichen — nicht eingebildeten — Erfinderrechts. Die Genesis der Patentgesetzgebung darf nicht dort gesucht werden, wo die natürlichen Rechte der Gesammtheit den natürlichen Interessen des einzelnen Erfinders widerstreiten, sondern einzig und allein dort, wo man zu der Ansicht gelangt ist, daß neben den einseitigen Erfinderinteressen auch ein Staatsinteresse vorhanden ist, welches es ermöglicht, Privat- und Gemeininteressen unter bestimmten, vom Staate aufgestellten Bedingungen miteinander in Einklang zu bringen.

Aus dem Gesagten erhellt schon zur Genüge, daß das Erfinderrecht von Hause aus nichts von dem an sich hat, was man unter Eigenthum von jeher verstanden hat und verstehen kann, und zwar darum, weil das Erfinderrecht, mag es auch durch die positive Gesetzgebung geschützt werden, keine Sache, sondern eine Geistesthätigkeit zum Gegenstande hat, woraus von selbst folgt, daß sein Inhalt und seine Wirkung eine ganz andere sein muß als der Inhalt und die Wirkung des Eigenthumsrechtes. Insbesondere gibt das Eigenthum Niemandem das Recht, andere Personen von der Erzeugung, Benützung und Veräußerung gleichartiger Objecte auszuschließen. Und doch liegt gerade dieses Ausschließen im Interesse des Erfinders, der sogar dem rechtmäßigen Eigenthümer eines patentirten Gegenstandes die Reproduction untersagen will.

Auch die Verfechter des sogenannten geistigen Eigenthums sehen sich gezwungen, diese Einwendungen gelten zu lassen; aber der Glaube an das angeborne Menschenrecht des geistigen Eigenthums ist so stark, daß er seine Bekenner zur Forderung drängt, die Gesetzgebung solle zum Vortheile des Erfinders eine ganz neue Art von Eigenthum construiren. Aber was hilft der Name, wenn der Begriff fehlt? Soll die moderne Gesetzgebung wirklich die Aufgabe haben, aus Respect vor populären Schlagworten aus Worten ein System zu bereiten? Der Staat hat gerade heutigentags genug damit zu thun, das alte Eigenthum vor principiellen Angriffen in Schutz zu nehmen, und es wäre daher sehr bedenklich, wenn er die ohnehin grassirende Begriffsverwirrung in Betreff der Heiligkeit des Eigenthums, dieses Grundpfeilers der gesellschaftlichen Verhältnisse, durch die Sanctionirung eines neuen Titulareigenthums vermehren wollte. Wenn nur ein Pseudo-Eigenthum construirt werden kann, dann ist es entschieden besser, dasselbe gar nicht zu construiren. Der Staat gebe dem Erfinder dasjenige, was ihm in Anbetracht der Gesammtinteressen billigerweise zu concediren ist, und schirme dieses gewährte Sonderrecht im Patentgesetze mit solchen Garantien, die der wahren Natur der Dinge gemäß sind. Darüber hinauszugehen, fehlt es nicht nur an jedem juristischen Grunde, sondern auch an jeglicher politischen Veranlassung und Zweckmäßigkeit.

Bei den mühsamen Bestrebungen juristischer Theoretiker, moderne Rechtsbedürfnisse in die uraltesten, für ganz andere Verhältnisse gebildeten Rechtsformeln zu zwängen, und für das Erfinderrecht, wenn nicht den Inhalt des Eigenthumsrechts, so doch wenigstens den Namen Eigenthum zu vindiciren, eine Art von Secundogenitur des Eigenthums zu gründen, gedenkt man unwillkürlich der berühmten Stelle aus Goethe's „Faust":

„Es erben sich Gesetz und Rechte
Wie eine ew'ge Krankheit fort;
Sie schleppen von Geschlecht sich zu Geschlechte
Und rücken sacht von Ort zu Ort.
Vernunft wird Unsinn, Wohlthat Plage;
Weh' dir, daß du ein Enkel bist!
Vom Rechte, das mit uns geboren ist,
Von dem ist, leider! nie die Frage."

Obgleich diese Worte dem Mephistopheles in den Mund gelegt sind, so enthalten sie doch eine große Wahrheit; und warum sollte der Teufel nicht auch einmal die Wahrheit reden, besonders wenn er darauf rechnet, daß sie unbeachtet bleiben werde?

Wir haben es nicht unterlassen dürfen, das angebliche Recht auf eine Erfindung, das mit dem Erfinder geboren sein soll, bis zur natürlichen Quelle seiner Entstehung zu verfolgen, und haben gefunden, daß der Inhalt dieses Rechtes, als eines angeborenen, gleich Null ist. Allein der Anspruch des Erfinders auf Zuerkennung eines Rechtes braucht darum keineswegs geleugnet zu werden. Aus rein theoretischen Gesichtspunkten wäre freilich — wie ja vorhin in der Entwicklung des Rechtsverhältnisses gezeigt wurde — auch ein solcher Anspruch zu negiren, aber das praktische Leben hat die Situation zu Gunsten des Erfinders geändert. Nachdem es einmal in einzelnen Culturstaaten als das Interesse der Gesammtheit erkannt worden, dem Erfinder einen gesetzlichen Schutz und hiedurch ein Recht auf seine Erfindung zu verleihen, können sich andere Culturstaaten sowohl im Interesse der Gesammtheit, als im Interesse der Erfinder gegen die Zumuthung gesetzlicher Anerkennung und Regelung des Erfindungsschutzes nicht mehr ablehnend verhalten. War also England mit seiner Patentgesetzgebung schon im XVII. Jahrhundert vorausgegangen, hatte sich das Patentwesen allmälig auch in anderen Staaten verbreitet und ausgebildet, so mußte sich endlich auch in Oesterreich das Bedürfnis fühlbar machen, dem gegebenen Beispiele zu folgen, um von dem internationalen Geistes- und Geschäftsleben nicht ausgeschlossen zu werden, hinter dem Auslande nicht zurückzubleiben. Auf dieser sachlichen Nothwendigkeit beruht der natürliche Anspruch Aller im modernen Staate auf Einführung des Erfindungsschutzes, mag nun in Wirklichkeit das Verlangen nach einem Patent-gesetze vom ganzen Volke oder nur von einzelnen Kreisen der Bevölkerung, oder, wie es anfänglich in Oesterreich der Fall war, gar nur von der Regierung ausgehen.

Die Aufgabe der folgenden Vorträge soll es nun sein, die Grundsätze des **materiellen Rechtes** darzulegen und zu erörtern, auf welchen der Erfindungsschutz in Oesterreich nach dem heute noch in Kraft stehenden Gesetze vom 15. August 1852 beruht. Auf die **formellen** Rechtsbestimmungen, auf die Normen für das Verfahren in Privilegien-Angelegenheiten in und außer Streit wird dermalen nicht eingegangen werden; dieser Theil der Grundsätze des österreichischen Erfindungsschutzes muß einer abgesonderten Darstellung vorbehalten bleiben.

2.

Obgleich die Ertheilung von Erfindungsprivilegien in Oesterreich bis in den Anfang des 18. Jahrhunderts zurückreicht, so ist der Erfindungsschutz doch erst seit 80 Jahren Gegenstand einer systematischen Gesetzgebung. Ein dem Ignaz H ö g e r in Wien im Jahre 1709 verliehenes Privilegium auf die Erzeugung von Speise- und Brennöl aus Weintraubenkernen wird als das älteste in Oesterreich ertheilte Erfindungsprivilegium bezeichnet.[*] Damals — unter Kaiser Joseph I. — war die Gewährung eines Privilegiums und der Umfang des Schutzes reiner Gnadenact des Landesfürsten. Den Charakter eines Majestätsrechtes bewahrte die Privilegienverleihung bis zum Jahre 1820 und hundert Jahre dauerte es, bis sich aus den von Fall zu Fall festgesetzten Bestimmungen ein auf allgemein giltigen Grundsätzen beruhendes Gesetz entwickelte; ja der Bestand des den einzelnen Erfindungen gewährten Schutzes war bei jedem Thronwechsel in Frage gestellt. Es sollten einerseits nur neue und gemeinnützige Erfindungen privilegirt werden, deren Vorprüfung in dieser Richtung den Landesbehörden oblag. Andererseits aber durfte die Erfindung auch nicht „g a r z u n ü t z l i c h" sein; darum wurden z. B. unter Joseph II. Spinnmaschinen von der Privilegirung ausgeschlossen. Man glaubte die traditionelle Handarbeit gegen die revolu-

---

[*] Dr. P. A. B e c k, Der Erfindungsschutz in Oesterreich (1884).

tionäre Maschine in Schutz nehmen zu müssen, indem man dieser letzteren das Privilegium versagte; die Maschine musste sich einstweilen ohne Privilegium forthelfen, und erst Leopold II. (1790—1792) entschloß sich zur Privilegirung von Maschinen.

Wie weit die österreichische Gesetzgebung noch in den 90er Jahren des vorigen Jahrhunderts von festen Principien im Privilegienwesen entfernt war, dafür könnten zahlreiche Beweise angeführt werden.

Beispielshalber seien aus der Politischen Gesetzsammlung Franz' II. vom Jahre 1795 (Band 6 und 7) folgende Fälle von a. h. Privilegiumsverleihungen namhaft gemacht. Im Jahre 1795 wurden mittelst „Offenen Briefes" Seiner Majestät vier Privilegien ertheilt, u. zw.:

1. Unterm 10. April dem C. L. Röllig auf das Musikinstrument Orphica.

Geltungsgebiet: die deutschen Erbländer;

Eingriffsstrafe: Confiscation des Instruments, u. h. Ungnade und 100 Dukaten.

2. Unterm 26. Juni dem Th. Pachner von Eggenstorf auf Papiermaschinen.

Geltungsgebiet: Oesterreich ob und unter der Enns, Innerösterreich, Böhmen und Mähren.

Strafe: Confiscation und 200 Dukaten.

3. Unterm 7. August dem Th. Hess auf Koch-, Brat- und Backmaschinen.

Geltungsgebiet: nicht bezeichnet (der offene Brief ist gerichtet an „alle nachgesetzten Obrigkeiten", insbesondere an die niederösterreichische Regierung).

Strafe: Confiscation und „bei Unserer schweren Strafe und Ungnade".

4. Unterm 24. August dem Jos. Kuppelwieser auf ein stählernes Kochgeschirr.

Geltungsgebiet: die deutschen Erbländer.

Strafe: Confiscation und 200 Dukaten.

Unter diesen vier Privilegien ist nur das dem Th. v. Pachner verliehene von Sr. Majestät auch „für Unsere Thronfolger" verbindlich erklärt worden. Im Allgemeinen schwebte bei dem Tode des Souverains das Damoklesschwert der Caducität über den Privilegien. Dieselbe wurde erst anläßlich der Thronbesteigung Kaiser Ferdinand's I. mit a. h Entschließung vom 9. Jänner 1836 beseitigt und dieser neue Grundsatz erhielt bei dem Regierungsantritte Sr. Majestät des Kaisers Franz Joseph I. mit a. h. Entschließung vom 16. November 1849 seine Bekräftigung.

Im Volke zeigte sich bei uns noch zu Anfang unseres Jahrhunderts keine dem Erfindungsschutze günstige Stimmung. Als Kaiser Franz II. den Befehl gab, ein förmliches Privilegien-Gesetz auszuarbeiten, sprachen sich die Provinzialbehörden gegen jeden Erfindungsschutz aus und es bedurfte der nachdrücklichen Vorstellungen seitens der niederösterreichischen Landesregierung und der Banco-Hofdeputation, um das Zustandekommen des ersten österreichischen Privilegien-Gesetzes vom 10. Jänner 1810 durchzusetzen. Es war dies freilich noch ein seltsames Conglomerat von Principien. Gegenstände der Landwirthschaft wurden als „zu gemeinnützig" von der Privilegirung ausgeschlossen; das eine Privilegium erstreckte sich auf's ganze Reich, ein anderes auf eine Provinz, ein drittes nur auf das Marchfeld u. s. w. Für das Ertheilungsverfahren sollte „als Regel" das Anmeldeprincip gelten, trotzdem aber doch die Nützlichkeit der zu privilegirenden Erfindung amtlich geprüft werden. Die Ertheilung jedes einzelnen Privilegiums war Gegenstand einer a. h. Entschließung, welche noch vor Entrichtung der Privilegiumstaxe eingeholt wurde; die Ausfertigung der Privilegiums-Urkunde aber erfolgte erst nach Einzahlung der Taxe. Da nun das vom Kaiser verliehene Privilegialrecht seitens der Behörden schon vom Tage der a. h. Entschließung an respectirt werden mußte, so fanden es die Privilegirten räthlich, mit der Taxzahlung so lange als möglich zu warten und einstweilen auf die Verbriefung ihres Rechts zu verzichten; denn mit dem Tage, an welchen ihnen die Urkunde ausgestellt wurde, begann erst die nominelle Dauer des Privilegiums, dessen Schutz sie — ohne Taxe — schon vorher genießen konnten. Erst am 21. Jänner 1818 publicirte die Commerz-Hofcommission ein Decret an die niederösterreichische Regierung, womit bekanntgegeben wurde, daß die Privilegiums-Urkunde zur Verhütung solcher Mißbräuche stets das Datum jener a. h. Entschließung tragen solle, durch welche das Privilegium verliehen worden war.

Die Grundsätze für die Ertheilung eines Privilegiums schwankten in Oesterreich lange Zeit zwischen dem Anmeldungs- und dem Vorprüfungssysteme. Endlich gab zu Gunsten des ersteren der Umstand den Ausschlag, daß Lombardo-Venetien, welches 1806 an Frankreich gefallen war, unter der französischen Herrschaft das französische Patentgesetz vom Jahre 1791 erhalten hatte, das in Betreff des Ertheilungsverfahrens dem reinen Anmeldungsprincipe huldigte. Als nun Lombardo-Venetien 1815 wieder an Oesterreich zurückfiel und sich das Bedürfnis geltend machte, dem ganzen Staate ein einheitliches Privilegien-Gesetz zu geben, kam das reine Anmeldungsprincip — ohne amtliche Vorprüfung der Nützlichkeit und Neuheit der Erfindung — bei uns zum Durchbruche. So entstand das österreichische Privilegien-Gesetz vom 8. December 1820, aus welchem sich die späteren Privilegien-Gesetze vom 31. März 1832 und vom 15. August 1852 entwickelten.

Um den Oesterreichern in Ungarn und den ungarischen Landesangehörigen in Oesterreich die Erwerbung des gesetzlichen Schutzes für eine Erfindung in beiden Gebieten zu sichern, sollten für das Privilegienwesen in Oesterreich und in Ungarn gleiche Normen hergestellt werden. Diese gute Absicht kam aber nur langsam zur Verwirklichung. Die Schritte zu diesem Ziele hatten anfänglich nicht den gewünschten Erfolg, und erst zu einer Zeit, wo in Oesterreich bereits das Privilegien-Gesetz vom Jahre 1832 in Geltung stand, wurde jenes ältere vom Jahre 1820 mit einigen unwesentlichen Abänderungen in Ungarn kundgemacht.

Nun kam das Jahr 1848 und die ungarische Revolution, nach deren Unterdrückung die österreichische Regierung in umfassendster Weise daran ging, Ungarn und seine Nebenländer zu Provinzen des österreichischen Kaiserstaates zu machen und das Staatswesen nach allen Richtungen hin zu centralisiren. Demgemäß sollte ein österreichisches Privilegium ohneweiters auch in den Ländern der Stefanskrone Geltung haben und es wurde mittelst a. h. Patentes vom 15. August 1852 ein Privilegien-Gesetz für die Gesammtmonarchie erlassen, welches in Ungarn 15 Jahre lang praktisch in Wirksamkeit stand.

Das österreichisch-ungarische Zoll- und Handelsbündnis vom 24. December 1867 reihte den Erfindungsschutz nicht unter die den beiden Reichshälften gemeinsamen Angelegenheiten, sondern setzte nur für die beiderseitigen Staatsgebiete die Regelung des Erfindungsschutzes nach gleichen Grundsätzen fest. (Art. XVI.)

Kraft dieses, seither von zehn zu zehn Jahren verlängerten Bündnisses haben die nach Vorschrift des Privilegien-Gesetzes und des Bündnisses erwirkten Privilegien in beiden Ländergebieten Geltung. In beiden Gebieten sollen die Bedingungen der Privilegien-Ertheilung — so lange das Bündnis besteht — zwar auf dem Wege der autonomen Gesetzgebung, jedoch nach gleichen Grundsätzen und im gegenseitigen Einvernehmen festgestellt werden, bis zum Zustandekommen eines neuen Gesetzes für den Erfindungsschutz aber „die jetzt bestehenden, dem Wesen nach von einander nicht abweichenden diesfälligen Vorschriften" in Wirksamkeit bleiben. Sofern aber doch Differenzen bestehen, hat sich die gewissenhafte Pflege des bündnismäßigen Einvernehmens beider Reichshälften erfahrungsgemäß als geeignet erwiesen, über Schwierigkeiten hinwegzuhelfen.

Schließlich sei hier noch erwähnt, daß infolge des Gesetzes vom 20. November 1879, betreffend die Herstellung eines gemeinsamen Zollverbandes zwischen der österreichisch-ungarischen Monarchie und Bosnien und der Herzegowina, ein in der Monarchie erwirktes Privilegium auch in den gedachten zwei Ländern Geltung hat, nachdem dieselben durch den Berliner Vertrag vom Jahre 1878 in die Machtsphäre unserer Monarchie gezogen und von unserer Heeresmacht thatsächlich occupirt wurden. Auf Grund der a. h. Entschließung vom 20. Juni 1880 erließ das Reichs-Finanzministerium in den Occupationsländern eine Verordnung, wonach daselbst die Principien der in Oesterreich-Ungarn geltenden gesetzlichen Vorschriften in Betreff des Privilegienwesens vom 1. Jänner 1880 an in Wirksamkeit getreten sind. Der Fall jedoch, daß ein Bewohner des Occupationsgebietes sich um ein österreichisch-ungarisches Privilegium bewarb, ist seither nur ein einziges Mal vorgekommen.

Als Anhang zu diesen geschichtlichen Notizen soll auch noch der Literatur über die österreichische Privilegien-Gesetzgebung gedacht werden. Es ist in dieser Beziehung das vortreffliche Werk zu nennen, welches Hofrath Anton Edler v. Krauß im Jahre 1838 über das Privilegien-Gesetz vom Jahre 1832 veröffentlicht hat.*) Dieses klar geschriebene, von wissenschaftlichem Geiste und praktischer Erfahrung getragene Buch enthält interessante Vergleiche zwischen den Principien des österreichischen Gesetzes und jenen der damals in Geltung stehenden Patent-Gesetze von England, Frankreich und den Vereinigten Staaten von Nordamerika, ist aber überdies ein werthvoller Behelf zum Verständnisse unseres jetzigen Privilegien-Gesetzes, welches ja, wie früher schon bemerkt wurde, aus dem Geiste des älteren Gesetzes vom Jahre 1832, bezw. vom Jahre 1820 hervorgegangen ist.

In Betreff des 1852er Gesetzes ist eine ähnliche literarische Arbeit bis jezt nicht veröffentlicht worden. Wohl haben die internationalen Patentcongresse und die damit verbundenen Bestrebungen von Gelehrten, Industriellen und anderen Fachmännern zu einer Reform des Erfindungsschutzes auf dem Wege der Autonomie oder der internationalen Vereinbarung hie und da in Oesterreich einen publicistischen Aufsatz oder eine Broschüre hervorgerufen; aber zu einer systematischen Darstellung und wissenschaftlichen Erläuterung unseres Privilegien-Gesetzes ist es dabei nicht gekommen, weder in der eigentlichen Gelehrten- und Professorenwelt, noch in den Kreisen der praktischen Juristen und Fachmänner, noch endlich auf Seite Derjenigen, aus deren Hand der Entwurf zum 1852er Gesetze hervorgegangen ist, und denen die Durchführung des Gesetzes zunächst oblag.

Dieses Schweigen läßt sich vielleicht zum Theile damit erklären, daß das österreichische Privilegienwesen geraume Zeit lang seines geringen Umfanges wegen die öffentliche Aufmerksamkeit nur wenig auf sich zog, und daß seine Bedeutung späterhin unterschätzt wurde. Man mag den österreichischen Erfindungsschutz mitunter wohl

---

*) Unter dem Titel: „Geist der österreichischen Gesetzgebung zur Aufmunterung der Erfindungen im Fache der Industrie".

gar mit scheelen Blicken betrachtet haben, als eine Gunst für die ausländischen Erfinder auf Kosten der inländischen Industrie; als ob die Gemeinnützigkeit einer Erfindung von ihrer Provenienz abhinge! Zuletzt begnügte man sich damit, unser Privilegien-Gesetz als veraltet zu bezeichnen und eine radicale Reform zu verlangen, allerdings nach sehr verschiedenen Recepten.

In officiellen Kreisen mochte man anfänglich gemeint haben, es sei das Räthlichste, über neue Gesetze in der Oeffentlichkeit so wenig als möglich zu sprechen, zumal es genüge, wenn die mit der Handhabung des Gesetzes betrauten Beamten wissen, was sie zu thun haben. Sie sollen thun, was ihres Amtes ist, und sich über ein Gesetz nicht in literarische Erörterungen einlassen, die ja doch nur einer im Gesetze vielleicht gar nicht begründeten Privatmeinung Ausdruck geben, wo nicht gar zu einer abfälligen Kritik führen könnten.

In neuester Zeit denkt man freilich in der Beamtenwelt anders, allein jetzt trafen Umstände zusammen, welche das Zustandekommen einer umfassenden systematischen Arbeit über unser Privilegien-Gesetz ungemein erschwerten und sich ihrer Drucklegung in den Weg stellten. Dahin gehört vor Allem die Erwartung, daß das neue Patentgesetz, zu welchem schon seit 8 Jahren Vorbereitungen getroffen werden, in absehbarer Zeit an die Stelle des 1852iger Gesetzes treten werde, — eine Erwartung, die sich natürlich mit jedem Jahre steigert; — ferners aber auch die außerordentliche Vermehrung der mit der Handhabung des Privilegien-Gesetzes verbundenen Amtsgeschäfte. Und so ist denn das Privilegien-Gesetz vom Jahre 1852 bis heute ohne einen des Gegenstandes würdigen wissenschaftlichen Commentar geblieben.

Es war daher die Broschüre, welche Herr Ministerial-Secretär Dr. A. P. v. Beck im Jahre 1884 über den „Erfindungsschutz in Oesterreich" publicirte, eine dankenswerthe Erscheinung. Sie ist freilich nur der Abdruck eines Vortrages, welcher vom Autor im niederösterreichischen Gewerbevereine gehalten wurde, und übersteigt deshalb nicht die Grenzen einer knappen Skizze. Ein umfassendes Werk über denselben Gegenstand, welches Beck — wie seine Broschüre meldet — schon damals unter der Feder hatte, ist bis jetzt noch nicht der Oeffentlichkeit übergeben worden. Jene Skizze ist aber jedenfalls ein sehr schätzbarer Versuch, die Hauptgrundsätze unseres Privilegien-Gesetzes vom Jahre 1852 im Zusammenhange mit der Praxis übersichtlich und auf populäre Art darzustellen. Die Aufgabe der gegenwärtigen Vorträge ist es nun, gleichfalls mit Rücksicht auf die praktische Handhabung, die unser Privilegien-Gesetz findet, in einzelne der wichtigsten Materien desselben etwas tiefer einzudringen. Aber auch diese Vorträge werden und müssen gar manchen Wunsch unerfüllt lassen, der eben nur in einem selbständigen systematischen Druckwerke erreichbar wäre. Sie verzichten von vornherein auf Vollständigkeit, auf eine streng wissenschaftliche Darstellungsform und auf jede Polemik.

Was die Vollständigkeit betrifft, so würde sie nicht nur eine Erörterung des Privilegien-Gesetzes in seinem ganzen Umfange, sondern auch der dazu gehörigen Vollzugsvorschrift und der späteren Ministerialverordnungen und Verfügungen, sowie des Art. XVI des ö.-u. Zoll- und Handelsbündnisses und der in einzelnen Fällen getroffenen Vereinbarungen zwischen den Handelsministerien beider Reichshälften erfordern. Eine solche Behandlung des Stoffes müsste selbstverständlich einem Handbuche über das Privilegien-Gesetz vorbehalten bleiben; in öffentlichen Vorträgen wäre sie — von allen anderen Bedenken abgesehen — schon darum unmöglich, weil sie für alle Betheiligten unerträglich wäre und uns von dem „Geiste" des Gesetzes unwillkürlich auf Details und kleinliche Nebendinge ablenken würde, zumal sie ja doch alle unleugbar zum Organismus und Mechanismus des ganzen Systems gehören. Deshalb sollen gegenwärtige Vorträge über das österreichische Privilegienrecht sich auf die Grundsätze, auf die Fundamentalprincipien unseres Gesetzes beschränken und Alles beiseite lassen, was nicht unmittelbar zu ihrer Darlegung nothwendig ist. Es wird sich hierbei noch Gelegenheit genug finden, auf gewisse einzelne Normen und administrative Entscheidungen oder Verfügungen Rücksicht zu nehmen. Allein es handelt sich hier nicht darum, ein Instructionsbuch für Beamte oder Geschäftsagenten zusammenzustellen.

Daß sich unsere jetzigen Vorträge auf den materiellen Theil der Rechtslehre vom österreichischen Erfindungsschutze beschränken und den formellen Theil unberücksichtigt lassen, ist allerdings nur auf zufällige äußere Umstände zurückzuführen. Zu einiger Entschuldigung dieser Unvollständigkeit mag übrigens bemerkt werden, daß in der öfters citirten Beck'schen Broschüre gerade der formelle Theil unserer Rechtsmaterie ausführlicher behandelt erscheint als der materielle.

Die Haltung dieser Vorträge soll eine möglichst populär-wissenschaftliche sein. Wissenschaftlich — der Sache nach, aber ohne die Form gelehrter Untersuchungen; es mag genügen, von den Resultaten derselben Gebrauch zu machen, ohne den oft mühevollen Weg, auf dem das Resultat erlangt wurde, umständlich darzulegen. Populär — nicht in der Bedeutung des Oberflächlichen und des durch Harmlosigkeit oder Pikanterie allgemein Unterhaltenden, sondern im Sinne der Gemeinfaßlichkeit für jeden Gebildeten, der dem Gegenstande überhaupt ein Interesse entgegenbringt, und der gelernt hat, juristisch zu denken, obgleich ihm die Rechtswissenschaft als Fachstudium fremd ist.

Schon darum, weil sich diese Vorträge über einen Rechtsgegenstand an das Laienpublicum wenden, müssen sie auf jedwede Polemik verzichten. In eine solche einzutreten wäre da, wo durch möglichst einfache Darstellung gewirkt werden will, ganz unzweckmäßig. Denjenigen, die irgendwo eine Ansicht ausgesprochen haben, der wir nicht beitreten können, sind wir zu Danke verpflichtet, weil sie uns genöthigt haben, ihre Gründe zu würdigen. Und es versteht sich von selbst, daß überall da, wo von zweifelhaften Dingen die Rede ist, lediglich unserer subjectiven Auffassung Ausdruck gegeben wird. Es ist nicht unser Verdienst, aber auch nicht ohne Werth für uns, wenn diese Auffassung mit jener Praxis übereinstimmt, welche sich im österreichischen Handelsministerium, also in der obersten Privilegienbehörde, seit 37 Jahren ausgebildet hat.

Diese Vorträge richten sich nicht an die Adresse der Fachgelehrten, sondern an die weiteren Kreise der gebildeten Gewerbewelt, welche mit dem für sie bestimmten Specialgesetze vom 15. August 1852 lange nicht so gut vertraut sind, als man aus dem Alter dieses Gesetzes schließen möchte. Bei dem Umstande, als dermalen in

Oesterreich jährlich nahezu 4000 Privilegien neu ertheilt werden und mehr als ebensoviele ältere Privilegien aufrechterhalten bleiben, stehen zahlreiche Interessen der einheimischen Bevölkerung jeden Tag in Gefahr, durch ungenügende Kenntnis des Privilegien-Gesetzes zu Schaden zu kommen. Und aus diesem Grunde scheint es — ohne Rücksicht auf die Möglichkeit einer baldigen Reform unseres gesetzlichen Erfindungsschutzes — erlaubt und gerechtfertigt, sich auch noch in zwölfter Stunde mit dem alten, heute noch geltenden Privilegien-Gesetze zu beschäftigen.

I. Rechtsobjecte.

§ 1 bezeichnet als Objecte der Privilegiums-Ertheilung: 1. Entdeckungen, 2. Erfindungen und 3. Verbesserungen, und gibt hierauf in eben dieser Reihenfolge die Definition dessen, was unter einer privilegirbaren Entdeckung, Erfindung und Verbesserung zu verstehen ist.

Hienach könnte es den Anschein haben, als ob das Privilegien-Gesetz in allererster Linie für Entdeckungen bestimmt wäre. Gleichwohl hat man sich, u. zw. — wie sich zeigen wird — mit vollem Rechte, daran gewöhnt, alle Privilegien, welche nach Maaßgabe dieses Gesetzes verliehen werden, Erfindungsprivilegien zu nennen.

Wir gestatten uns daher vor Allem, in der legalen Reihenfolge der Rechtsobjecte des Privilegialschutzes eine Umstellung vorzunehmen und:

1. von den **Erfindungen**,
2. von den **Verbesserungen**,
3. von den **Entdeckungen**

zu sprechen.

1. Erfindungen.

Als privilegirbare Erfindung wird in § 1 erklärt:

a) Die Darstellung eines **neuen** Industrie-Erzeugnisses oder eines neuen **Mittels** oder **Verfahrens** zur Erzeugung eines Industrieproductes mit **neuen** Mitteln;

b) die Darstellung eines **neuen** Gegenstandes der bezeichneten Art mit **bekannten** Mitteln;

c) die Darstellung eines **bekannten** Gegenstandes der bezeichneten Art mit Mitteln, welche für diesen

Gegenstand bisher nicht verwendet wurden, also wenigstens relativ neu sind.

Doch unterliegt die Privilegirung unter allen Umständen den im Gesetze angeführten Beschränkungen.

Die neuere Theorie und legislative Praxis findet es allerdings nicht zweckmäßig, den Erfindungsbegriff gesetzlich zu definiren; sie überlässt dies der Wissenschaft und der Rechtsprechung. Erfahrungsgemäß hat sich die gesetzliche Definition besonders in jenem Theile als bedenklich erwiesen, der von der Darstellung eines bekannten Gegenstandes mit anderen als den für ihn bisher verwendeten Mitteln spricht. Die unter diese Gesetzesstelle zu subsumirenden Erfindungen sind zahlreich und haben schon eine Reihe von Streitigkeiten hervorgerufen, in denen die technische Wissenschaft die Aufgabe übernehmen musste, die allzuweite Fassung des Gesetzes vernünftig und sachgemäß einzuschränken. Dabei handelte es sich keineswegs immer um eine mehr oder minder liberale Auslegung des Gesetzesbuchstabens, sondern weit öfter darum, zu verhüten, daß unter dem scheinbaren Schutze des Gesetzes Raubzüge in das Gebiet des Erfinderrechtes unternommen werden und einer Verletzung dieser Gebietsgrenzen, die der gesunde Menschenverstand zu erkennen vermag und die das Gesetz zweifellos schützen will, die Sanction zu versagen.

Abstrahirt man von der langathmigen Permutationsformel, in welche das für uns maaßgebende österreichische Gesetz den Erfindungsbegriff einkleidet, so erübrigen für das Wesen einer privilegirbaren Erfindung folgende drei Erfordernisse:

a) sie muss **industrieller Natur sein**, d. h. gewerbliche Verwerthbarkeit besitzen;

b) sie muss sich in **bestimmter Form** darstellen, und

c) sie muss **neu sein**.

Zu *a*.

Für das Wort „Industrie" findet sich im Privilegien-Gesetze keine Definition. Infolge dieser klugen Zurückhaltung ist es gänzlich der Wissenschaft im Vereine mit der Praxis überlassen, von Fall zu Fall zu entscheiden, ob eine Erfindung industrieller Natur sei oder nicht. Das deutsche Patentgesetz verlangt von einer Erfindung, die auf ein Patent Anspruch macht, daß sie „eine gewerbliche Verwerthung gestatte".

Im Allgemeinen und ohne Präjudiz für die Rechtsprechung in einzelnen Fällen dürfte es wohl erlaubt sein, den gleichen Sinn auch in das österreichische Privilegien-Gesetz zu legen, obgleich dasselbe den deutschen Ausdruck nicht kennt. Die Annahme, daß auch nach § 1 unseres Privilegien-Gesetzes eine privilegirbare Erfindung das Merkmal gewerblicher Verwerthbarkeit haben müsse, stößt in unserem Gesetze auf keinen Widerspruch, und es soll in dieser Hinsicht insbesondere auf § 5 hingewiesen werden, welcher ein wissenschaftliches Princip oder einen rein wissenschaftlichen Satz von der Privilegirung ausschließt.

Dieser Ausschluß soll allerdings auch für den Fall gelten, wenn das Princip oder der Satz einer „unmittelbaren Anwendung auf Gegenstände der Industrie fähig ist", während das deutsche Patentgesetz sich für die Patentirbarkeit einer Erfindung ausdrücklich mit der Fähigkeit des Erfindungsgegenstandes zu gewerblicher Verwerthung begnügt und für wissenschaftliche Principien keineswegs eine Ausnahme statuirt. Darin scheint also ein Gegensatz zwischen dem deutschen und dem österreichischen Gesetze zu liegen, der es bedenklich machen könnte, das Wort „industriell" des österreichischen Gesetzes als „gewerblich verwerthbar" aufzufassen. Bei näherer Betrachtung jedoch verschwindet dieser Gegensatz. Denn § 5 unseres Gesetzes fährt fort: „Wohl aber ist jede neue Anwendung eines solchen Principes oder Satzes, wodurch ein neues Erzeugnis der Industrie, ein neues Erzeugungsmittel oder eine neue Erzeugungsmethode zu Stande kommt, privilegirbar."

Das heißt also mit anderen Worten: Nach österreichischem Gesetze macht die bloße Fähigkeit zu einer, selbst unmittelbaren Verwendung in der Industrie einen theoretischen Satz allerdings noch nicht privilegirbar; er muss in Wirklichkeit angewendet erscheinen, und nur in diesem Falle wird das Privilegium ertheilt. nicht auf den Satz, sondern auf die dargestellte Realisirung.

Und auch das deutsche Patentgesetz denkt nicht an eine rein theoretische Möglichkeit zu gewerblicher

Verwerthung des Erfindungsgegenstandes, denn es fordert in § 20 eine derartige **Beschreibung** der zur Patentirung angemeldeten Erfindung, „daß danach die Benutzung derselben durch andere Sachverständige möglich erscheint. Auch sind die erforderlichen Zeichnungen, bildlichen Darstellungen, Modelle und Probestücke beizufügen".

Und somit schützt auch das deutsche Gesetz gleich dem österreichischen ein wissenschaftliches Princip nur in seiner zur praktischen Anwendbarkeit verkörperten Ausgestaltung.

Zu b.

Erfindung ist die **Darstellung** eines neuen Gegenstandes, also nicht der Gegenstand selbst, auf welchen der Erfinder wie jeder Andere nur nach den Regeln des allgemeinen bürgerlichen Gesetzbuches Privatrechte erwerben kann. — Erfindung ist also eine **ideelle** Formgebung, welche allerdings eine materielle Verkörperung und die Wiederholung dieser letzteren zuläßt und fordert. Aber die Wiederholungen der materiellen Darstellungen sind nicht ebenso viele neue Erfindungen; die eine Erfindung, die den Gegenstand des Privilegiums ausmacht, ist mit der ideellen Darstellung fertig und abgeschlossen, und wenn das Privilegien-Gesetz behufs der Privilegirung die Vorlage von Modellen, Mustern, Zeichnungen oder doch genauen Beschreibungen verlangt, so sind dies doch nur — gleich vielen anderen Erfordernissen — nothwendige Vorbedingungen für die factische Ertheilung des Privilegiums; sie geben dem Wesen der Erfindung **Ausdruck**, aber das **Dasein** der Erfindung ist nicht an diesen Ausdruck geknüpft. Jene Darstellung, in der sich der Begriff einer Erfindung consumirt, liegt daher nur in der geistigen **Thätigkeit des Erfinders**.

Am deutlichsten zeigt sich (wie Rosenthal, „Deutsches Pat.-Ges.", richtig hervorhebt) die Bedeutung des Unterschiedes zwischen ideeller und materieller Darstellungsform bei der Erfindung eines **Productionsverfahrens**. Dasselbe besteht vielleicht nur in einer Reihe von Handgriffen, aus welchen schließlich ein Product (bekannt oder unbekannt) hervorgeht. Diese Handgriffe manifestiren sich in der Ausführung sinnenfällig, materiell, also in einer gewissen Form, allein diese Formen und Handgriffe könnten an und für sich überhaupt nicht Gegenstand irgend eines Rechtes sein, wogegen die ideelle Form der Erfindung, die sich in dem praktischen Verfahren äußerlich wiederholt, eben den Gegenstand des Erfindungsrechtes ausmacht und durch dasselbe geschützt wird.

Der Umstand, daß jede privilegirbare Erfindung die Darstellung eines Industrieobjectes sein muss, bringt den Privilegialschutz in eine verwandtschaftliche Beziehung zum Schutze der gewerblichen Muster, und es frägt sich, ob und inwiefern etwa ein Gegenstand den Privilegien- und den Musterschutz gleichzeitig genießen könne. Denn auch das Muster (im Sinne des Gesetzes vom 7. December 1858) ist eine durch Geistesthätigkeit erfundene Darstellung von Gegenständen (Formen) der Industrie. Von einer principiellen Unzulässigkeit, ein und dasselbe Object durch beide Gesetze schützen zu lassen, kann nicht die Rede sein, wenn das Object thatsächlich jene Eigenthümlichkeiten in sich vereinigt, welche das eine wie das andere Gesetz von seinen Schutzobjecten fordert. In den betreffenden österreichischen Gesetzen wird auf die Möglichkeit einer solchen Combinirung allerdings nicht ausdrücklich hingewiesen, doch hat dieses Stillschweigen gar keinen Belang hinsichtlich der factischen Anwendbarkeit beider Gesetze auf eine und dieselbe Erfindung, sobald nur die gesetzlichen Voraussetzungen ihrer Anwendbarkeit in einem concreten Falle vorhanden sind.

Unterscheidet man bei den gewerblichen Mustern zwischen Geschmacks- und Gebrauchsmuster, dann erscheinen als Geschmacksmuster solche, welche ausschließlich die Verschönerung eines Gegenstandes, also die äußere Form um ihrer selbst willen bezwecken, z. B. Stoffdessins; als Gebrauchs- oder Nützlichkeitsmuster hingegen solche, bei denen die Form einem industriellen Zwecke dient, gleich jeder anderen privilegirbaren Erfindung, und wobei die bloße Schönheit, die Geschmackssache natürlicherweise gar keine oder nur eine Nebenbedeutung hat, z. B. bei Modellen von technischen Apparaten.

Unbestritten ist, daß bloße Geschmacksmuster nicht den Privilegialschutz, bloße Gebrauchsmuster nicht den

Musterschutz erlangen können. Wo aber die Grenzlinie zwischen der Schönheitsform und der Zweckmäßigkeitsform zu finden sei, läßt sich durch ein Gesetz überhaupt nicht bestimmen und kann nur von Fall zu Fall mit Berücksichtigung aller Umstände desselben entschieden werden.

Zu c.

Was ist neu? Dem Sprachgebrauche zufolge -- das bisher Unbekannte. — Das „Bekannt- oder Unbekanntsein" ist aber ein sehr schwankender, relativer Begriff, der ohne nähere Bestimmung für ein Gesetz nicht ausreicht. Denn seine Bedeutung hängt zunächst von der Subjectivität desjenigen ab, von dem man annehmen soll, daß er etwas kenne oder nicht kenne. Kenntnis erlangt man durch sinnliche und geistige Wahrnehmung, d. h. durch richtiges Erfassen eines Gegenstandes mittelst der körperlichen Sinne und mit dem Verstande. Ein Ding kann uns also unbekannt sein, nicht nur weil wir es noch nie gesehen, gehört, gelesen, empfunden haben, sondern auch trotzdem. Es kann dem A bekannt, dem B unbekannt sein, und unter A und B lassen sich nicht nur einzelne Menschen, sondern auch ganze Staaten denken, d. h. politische Individualitäten, die ihre besonderen Organismen und Bedürfnisse und dementsprechend besondere Gesetze haben.

Objective oder absolute Neuheit ist nur einem Dinge zu eigen, das bisher Niemand kannte; auf solche Neuheit kommt es aber gar nicht an, wenn es sich um die Frage handelt, ob eine Erfindung innerhalb bestimmter territorialer Grenzen bekannt sei.

Allein selbst innerhalb der Grenzen einer größeren politischen Gemeinschaft, eines Landes oder Staates läßt sich im praktischen Rechtsleben, für welches ein Gesetz die Richtschnur sein soll, der Beweis dafür, daß gerade hier ein irgendwo in der Welt, im Inland oder im Auslande existirender Gegenstand Niemandem außer seinem Erzeuger bekannt sei, gar nicht herstellen. Um so weniger, als man die Kenntnis von einem Dinge auf den verschiedensten, ganz uncontrolirbaren Wegen erlangen kann.

Herstellbar ist nur der Beweis des Gegentheils, der Nichtneuheit — denn der Nachweis einer einzigen Thatsache genügt, um darzuthun, daß eine Erfindung wirklich bereits einer Person, die nicht der Erfinder selbst ist, irgendwo und irgendwie bekannt geworden sei, daß sie also das Merkmal objectiver Neuheit — wenngleich nur innerhalb der Grenzen eines einzelnen Staatsgebiets — nicht mehr besitze.

Es entsteht nun die Frage, welche Art von Neuheit für die Zwecke des gesetzlichen Erfindungsschutzes sachgemäß zu fordern sei: die absolute oder eine mehr minder beschränkte relative. Je nachdem der Neuheitsbegriff formulirt wird, steigt oder sinkt die Gefahr des Erfinders, in der Ausübung des ihm gewährten Rechtes den muthwilligsten Processen ausgesetzt zu sein. Denn es kann mißgünstigen Menschen vielleicht gelingen, eine Thatsache festzustellen, aus der hervorgeht, daß die betreffende Erfindung wirklich auf dem Erdenrund nicht mehr ganz unbekannt war; und ebenso möglich ist es, daß ein solches relatives Bekanntsein — vielleicht irgendwo im fernsten Auslande — auf das Inland, welches dieselbe Erfindung in Schutz nimmt, nicht die geringste Rückwirkung auszuüben vermag, daß also das öffentliche Interesse des Landes, in welchem die Erfindung geschützt ist, durch jene relative Nichtneuheit in Wirklichkeit gar nicht berührt wird. Die Beantwortung dieser Frage hängt somit von der Erwägung der internationalen, commerciellen, culturellen Beziehungen der verschiedenen Staaten zu einander ab, und mit der Veränderung dieser Verhältnisse ändert sich auch für den einzelnen Staat das Bedürfnis, innerhalb seines Gebietes entweder den Erfinder gegenüber der Gesammtheit, oder die Gesammtheit gegenüber dem Erfinder mehr oder minder kräftig zu beschützen.

Indessen wird es selbst bei weitestgehender Begünstigung des Erfinders nicht angehen, den Beweis der Nichtneuheit nur dann als geliefert zu betrachten, wenn bewiesen wird, daß die Erfindung anderen Personen thatsächlich bekannt war oder bekannt sein musste. Es können Umstände vorliegen, welche auch eine gesetzliche Vermuthung der Nichtneuheit rechtfertigen, eine s. g. praesumtio juris et de jure, gegen welche ein Gegenbeweis gar nicht zulässig ist, weil das, wofür eine solche Vermuthung spricht, ohneweiters als wahr zu gelten hat. Wichtige Umstände dieser Art sind z. B. Druckschriften, Ausstellungen u. dgl., die dazu bestimmt sind, die Kenntnis von Erfindungen zu verbreiten. Ist eine solche Druckschrift veröffentlicht, eine Ausstellung eröffnet, so ist es dem ganzen Publicum möglich, die betreffende Erfindung kennen zu lernen. Man wird vielleicht nicht wissen, wer das Buch gelesen, die Ausstellung besichtigt habe und mit welchem Verständnisse dies geschehen sei. Aber man darf annehmen, daß es gerade die sachverständigen Leute sind, welche vor Anderen die gebotene Gelegenheit zur Vermehrung ihres Wissens benützen werden. Das Gesetz kann also füglich den Beweis der Nichtneuheit einer Erfindung auch schon dann als erbracht ansehen, wenn gewisse, genau zu bezeichnende Umstände erwiesen sind, aus denen hervorgeht, daß die Erfindung bekannt sein konnte.

Aus all' dem Gesagten erhellt die Nothwendigkeit, im Gesetze selbst zu bestimmen, was unter der Neuheit einer Erfindung zu verstehen sei. Das österreichische Privilegien-Gesetz sagt in § 1: „Als neu wird irgend eine . . . Erfindung . . . betrachtet", wenn sie bis zur Zeit des angesuchten Privilegiums im Inlande weder in der Ausübung steht, noch durch ein veröffentlichtes Druckwerk bekannt ist."

Aus dieser Stelle geht zunächst klar hervor, in welchem Zeitpunkte die privilegirbare Erfindung neu sein muss: zur Zeit, d. i. an dem Tage, zu der Stunde, wo um das Privilegium angesucht wurde (Prioritäts-Zeitpunkt), vorausgesetzt, daß dieses Ansuchen ein o r d n u n g s - m ä ß i g e s, den Forderungen des Privilegien-Gesetzes entsprechendes war. Die Außerachtlassung dieser Bemerkung kann leicht dahin führen, daß eine privilegirte Erfindung mit dem Neuheitsmangel behaftet ist. Denn sofern um ein Privilegium angesucht wird, ohne Beobachtung der hiefür gegebenen gesetzlichen Vorschriften, gilt dieses Ansuchen überhaupt nicht als vorgebracht. Es kann zwar verbessert oder auch ganz neu eingebracht werden, aber wenn in einem solchen Falle die ursprüngliche Priorität verloren gegangen und nach Vorlage des ungenügenden ersten Gesuches irgend etwas geschehen sein sollte, was dem gesetzlichen Erfordernisse der Neuheit widerspricht, dann ist und bleibt die Erfindung, trotz der auf Grund eines verbesserten Ansuchens erfolgten Ertheilung des Privilegiums, ganz oder theilweise — je nach der Beschaffenheit des Falles — mit dem Mangel der Neuheit behaftet, und das

Privilegium ist entweder in seinem ganzen Umfange oder doch theilweise ungiltig verliehen.

Das Gesetz wollte ferners — wir sind davon überzengt — in der vorhin citirten Stelle auch den Grundsatz aussprechen, daß die Neuheit nicht bloß dann verloren geht, wenn eine Erfindung im Inlande vor dem Prioritätstage durch ein veröffentlichtes Druckwerk bekannt geworden, sondern auch dann, wenn sie vor dem Prioritätstage durch eine im Inlande erfolgte Ausübung „bekannt" geworden ist. Diese unsere Behauptung bedarf jedoch einer Rechtfertigung, denn der Wortlaut des § 1 spricht sogar für die gegentheilige Annahme. Nach dem Buchstaben des Gesetzes käme es bei einer neuheitsschädlichen Ausübung gar nicht darauf an, ob die Erfindung durch selbe bekannt geworden sei, — und es würde die Thatsache vollkommen genügen, daß die Erfindung vor der Prioritätszeit bereits im Inlande ausgeübt wurde. Dabei entsteht freilich die Frage, ob auch bloße Versuche als Ausübung anzusehen seien, und ob man nicht etwa nur einer zweifellos fabriks- oder gewerbsmäßigen Ausübung einer schon durch Versuche erprobten Erfindung den Charakter der Neuheitsschädlichkeit beilegen dürfe.

Im Hinblicke auf die Entstehungsgeschichte des 1852er Gesetzes unterliegt es jedoch keinem Zweifel, daß es in § 1 beim Neuheitsbegriffe sowohl in Hinsicht auf Druckwerke, als auch in Betreff der Ausübung lediglich auf das Bekanntwerden der Erfindung ankommt*). Allerdings erblickt § 1 die Neuheit einer Erfindung darin, daß sie bis zum Prioritätstage „im Inlande weder in der Ausübung steht, noch durch ein veröffentlichtes Druckwerk bekannt ist". Allein das Wörtchen „steht" kam ohne Zweifel nur durch ein Redactionsversehen noch zu letzter Stunde in den Text des Privilegien-Gesetzes v. J. 1852 und war den älteren österreichischen Privilegien-Gesetzen, die den Neuheitsbegriff sonst genau so definiren wie unser gegenwärtiges Gesetz, durchaus fremd**). Es

---

*) Beck a. a. O.
**) Sowol im Privilegien-Gesetz v. J. 1820 (§ 25 d) als auch in jenem v. J. 1832 (§ 27 d) heißt es wörtlich übereinstimmend: „Als neu ist irgend eine . . . Erfindung . . . zu betrachten, wenn sie im Inlande weder in der Ausübung, noch durch eine in einem öffentlich gedruckten Werke enthaltene Beschreibung bekannt ist."

entspricht unstreitig auch der ratio des Gesetzes v. J. 1852, die vorzeitige Ausübung einer Erfindung nur dann als neuheitsschädigend zu betrachten, wenn damit das Bekanntwerden verbunden war. Dieser Interpretation hat sich auch das ungarische Handelsministerium rückhaltlos angeschlossen, und es ist damit zugleich die Frage über die Bedeutung der Ansübungsversuche aus der Welt geschafft — eine Frage, die in früheren Zeiten endlose Schwierigkeiten und Schwankungen in der Rechtsprechung bei Entscheidung von Nullitätsprocessen verursacht hatte. Nicht der Umfang, sondern die Art der Ausübung soll entscheiden; eine Ansübung, die nicht die Möglichkeit bot, das Wesen der Erfindung bekannt zu machen, konnte auch nicht neuheitsschädlich sein.

Unter „Ausübung" ist aber hier keineswegs blos die Erzeugung des Gegenstandes zu verstehen, sondern jeder Act, wodurch das — wenngleich heimlich hergestellte — Object anderen Personen so mitgetheilt wird, daß sie die Erfindung kennen lernen können, z. B. durch Ausstellung. Aus unserer Auffassung des gesetzlichen Neuheitsbegriffes folgt ferner, daß durchaus nicht die vorzeitige Ansübung bis zum Prioritätstage herabreichen muss, um die Neuheit aufzuheben; diese Wirkung tritt schon dann ein, wenn die fragliche Erfindung infolge früherer Ansübung schon zur Prioritätszeit, oder noch zur selben Zeit erwiesenermaaßen bekannt war.

Unter „Druckwerken" sind selbstverständlich nicht allein Bücher gemeint, sondern auch Flugschriften, Zeitungen, Prospecte, Circularien u. s. w., kurz jede mechanische Vervielfältigung eines Schriftwerkes; und wenn es möglich ist, durch solche Vervielfältigung von bloßen Zeichnungen, auch ohne erläuternden Text, die Erfindung bekannt zu machen, so geht die Neuheit der Erfindung auch schon durch die Veröffentlichung derartiger Zeichnungen verloren. Unter der „Veröffentlichung" einer Druckschrift ist jede Art ihrer Verbreitung zu verstehen, sei es durch den Buchhandel, die Postanstalt, Colportage, Vertheilung u. s. w.

Selbstverständlich gehören auch die authentischen, in Druck gelegten Beschreibungen patentirter Erfindungen zu den Druckschriften. Ist nun eine solche Patentschrift bereits vor dem Prioritätstage des in Oesterreich auf dieselbe Erfindung ertheilten Privilegiums mittelst irgend einer Art von Veröffentlichung und Verbreitung im Inlande bekannt gewesen, so kann der Gegenstand des Privilegiums nicht mehr als neu gelten; und §. 1 Priv.-Ges. macht absolut keinen Unterschied zwischen den Ursachen der Veröffentlichung. Von wem dieselbe ausgegangen und ob sie mit oder ohne oder gegen den Willen des Erfinders geschehen sei, ist ganz gleichgiltig.

Dieser Umstand trägt für die Besitzer ausländischer Patente viel Mißliches in sich, zumal wenn, wie dies im Deutschen Reiche gesetzlich angeordnet ist, die Drucklegung und Veröffentlichung der zu einem Patente gehörigen Patentschrift ehethunlichst nach der Patentverleihung von Amtswegen erfolgt. Wenn nun der Besitzer des ausländischen Patentes seine Erfindung in Oesterreich nicht so schnell zur Privilegirung anmeldet, daß er der Verbreitung seiner ausländischen Patentschrift in Oesterreich zuvorkommt, so schwebt er in steter Gefahr, sein österreichisches Privilegium wegen Neuheitmangels der Erfindung annullirt zu sehen. Dieser Schwierigkeit läßt sich stante lege nur im Wege internationaler Verträge abhelfen, es ist dies aber bisher nur bei der Regelung der Handelsbeziehungen zwischen der österr.-ungarischen Monarchie und dem Deutschen Reiche geschehen. In dem diesbezüglichen Handelsvertrage vom 16. December 1878, und zwar im Schlussprotokolle zu Art. 20 des Vertrages, wurde nämlich festgesetzt:

„Dass, wenn ein Angehöriger des Deutschen Reiches auf einen daselbst patentirten Gegenstand auch in Oesterreich-Ungarn ein Privilegium erwirbt, die in Deutschland gesetzlich mittelst Druck erfolgte Veröffentlichung der betreffenden Patentbeschreibung und Zeichnung keinen gesetzlichen Nichtigkeitsgrund gegen den Rechtsbestand des analogen österreichischen und ungarischen Privilegiums bilden soll, insoferne das den Bedingungen des Gesetzes entsprechende Gesuch um dessen Ertheilung bei der competenten Behörde innerhalb des Zeitraumes von drei Monaten, vom Tage obiger Veröffentlichung ab gerechnet, eingereicht worden ist — welcher Tag in den Druckexemplaren der deutschen Patentschriften angegeben werden wird."

In dem obenerwähnten Art. 20 findet sich zum ersten Male der Grundsatz ausgesprochen, daß hinsichtlich der Erfindungspatente die Angehörigen des einen vertragschließenden Theiles in dem Gebiete des anderen denselben Schutz wie die eigenen Angehörigen genießen sollen, vorausgesetzt, dass sie auch gleich den eigenen Angehörigen die vorgeschriebenen Bedingungen und Förmlichkeiten erfüllen.

Zu diesen Bedingungen des Erfindungsschutzes gehört nun in Oesterreich der Neuheitscharakter der Erfindung nach § 1 unseres Gesetzes, während das deutsche Patentgesetz vom 25. Mai 1877 die amtliche Drucklegung der zu deutschen Patenten gehörigen Beschreibungen anordnete. Daraus erklärt sich die Clausel des Schlussprotokolles zu Art. 20 des Handelsvertrages. Obgleich derselbe nur für die Dauer eines Jahres abgeschlossen worden war, so erhielt sich doch die gedachte Begünstigung tractatmäßig bis in die Gegenwart; sie gilt aber selbstverständlich nicht für alle deutschen Patente, sondern nur für jene der Angehörigen des Deutschen Reiches. —

Sehr wichtig erscheint die Frage, ob es die Absicht des Gesetzgebers war, mittelst der Erklärung „als neu wird betrachtet . . ." eine Definition des Neuheitsbegriffes zu geben. Wird die Frage bejaht, dann darf die Neuheit als Vorbedingung einer giltigen Privilegirung nur nach der Definition beurtheilt werden. Das heisst: wenn nicht bewiesen wird, daß eine Erfindung im Inlande entweder durch Ausübung oder durch veröffentlichte Druckwerke vor der Prioritätszeit bekannt war, so schadet es dem Neuheitscharakter der Erfindung durchaus nicht, falls dieselbe vielleicht auf Grund anderer Umstände thatsächlich nicht neu ist. Denn diese anderen Umstände sind in die gesetzliche Definition nicht aufgenommen. Ganz anders steht die Sache, wenn das Gesetz keine Definition geben, sondern nur ein paar Hauptfälle hervorheben will, an denen, wenn sie eintreffen, freilich die Neuheit einer Erfindung unter allen Umständen anerkannt werden muss. Und wenn das Widerspiel dieser paar Hauptfälle vorliegt, dann ist einer Erfindung natürlich die Neuheit ohne weiteres Nachdenken abzuerkennen, weil das Gesetz selbst mit ausdrücklichen Worten sie als nicht vorhanden betrachtet; allein es wäre damit noch keineswegs gesagt, daß eine Erfindung unter allen anderen Umständen als neu zu gelten habe.

Eine ganz analoge Frage ergibt sich aus dem deutschen Patentgesetze. Auch dieses stellt (in § 1) den Satz an die Spitze, daß Patente nur für neue Erfindungen ertheilt werden, und zählt dann (§ 2) die Umstände auf, unter welchen eine Erfindung nicht als neu „gilt". Die diesbezügliche Bestimmung unterscheidet sich von der österreichischen der Form nach nur durch die besser gewählte negative Fassung gegenüber der positiven in unserem Privilegien-Gesetz. Die Ausdrücke „gilt" und „wird betrachtet" sind ohne Zweifel synonym. Die Sachlage, auf die es bei Beantwortung der Frage ankommt, ob der Neuheitsbegriff im deutschen Gesetze eine Definition erhalten habe oder nicht, ist also genau dieselbe wie im österreichischen Privilegien-Gesetze. Aber in Deutschland haben sich Theorie und Praxis sofort auf den Standpunkt gestellt, daß sich durch das Gesetz gar nicht bestimmen lasse, unter welchen Voraussetzungen eine zur Patentirung angemeldete Erfindung thatsächlich für neu zu halten ist. Das sei die Aufgabe der den einzelnen Fall beurtheilenden Behörde, eine reine quaestio facti, die gelöst werden muss. Die Neuheit gehöre nach § 1 zum Begriffe einer patentfähigen Erfindung und es verstehe sich daher bei der großen Mannigfaltigkeit der Umstände, unter denen eine Erfindung ihre Neuheit factisch einbüßen könne, von selbst, daß eine Erfindung keineswegs schon darum für neu zu gelten habe, weil § 2 auf sie nicht anwendbar ist. Wenn sie wirklich auf eine andere als die in § 2 beschriebene Art bekannt geworden ist, so brauche sie nicht erst nach dem Gesetze als nicht neu zu „gelten", denn sie ist nicht neu und daher nach § 1 nicht patentfähig. Endlich fällt noch in's Gewicht, daß die dem deutschen Patentgesetzentwurfe beigegebenen Motive der Regierung selbst hervorheben, durch § 2 werde der Mangel der Voraussetzungen für die Neuheit einer patentirbaren Erfindung nicht erschöpft.

Diese Argumentation mag dem deutschen Gesetze gegenüber unanfechtbar sein, und sie enthält Vieles, was auch in Hinsicht auf unser Privilegien-Gesetz beachtenswerth ist. Aber wenn das Gesetz an einer so wichtigen Stelle die Varietäten des Neuheitmangels nicht erschöpfen will, dann sollte eben die Textirung des Gesetzes selbst jeden Zweifel über diese Absicht beseitigen. Uebrigens muss man Anstand nehmen, eine solche Intention auch in's österreichische Privilegien-Gesetz hineinzutragen. Denn es spricht die seit 1852 ununterbrochen geübte Praxis in der Handhabung des Privilegien-Gesetzes mit aller Entschiedenheit dafür, daß unser § 1 eine Definition des Neuheitsbegriffs gibt. Das Handelsministerium, von welchem der Entwurf des Privilegien-Gesetzes herrührt, hat bei Handhabung dieses Gesetzes den § 1 stets in diesem Sinne ausgelegt, und dabei blieb es auch, als das österreichisch-ungarische Handelsbündnis vom Jahre 1867 und mit ihm der Dualismus der Privilegienverwaltung in der österreichisch-ungarischen Monarchie activirt wurde. Dieses Bündnis erlebte seither eine zweimalige Erneuerung, aber bis auf den heutigen Tag sind die Handelsministerien beider Reichshälften darin einig gewesen, daß die Neuheit einer privilegirbaren. bezw. privilegirten Erfindung nur nach dem zu beurtheilen ist, was § 1 als neu „betrachtet".

Wie mannigfaltig also die Wege sein mögen, auf denen eine Erfindung thatsächlich bekannt und verbreitet wird, die Privilegirbarkeit der Erfindung wird in Oesterreich unter dem Titel des Neuheitmangels nur durch solche Umstände aufgehoben, welche mit der Neuheitsdefinition des § 1 in Widerspruch stehen.

2. Verbesserungen.

Als privilegirbare Verbesserung (oder Veränderung) wird vom Gesetze angesehen: „Jede Hinzufügung einer Vorrichtung, Einrichtung oder Verfahrungsweise zu einem bereits bekannten oder privilegirten Gegenstande, durch welche in dem Zwecke des Gegenstandes oder in der Art seiner Erzeugung ein günstigerer Erfolg oder eine größere Oekonomie erzielt werden soll."

Demnach erscheint die Verbesserung als die Veränderung eines schon vorhandenen Gegenstandes, mag derselbe an und für sich privilegirbar, bezw. privilegirt sein oder nicht. („Bekannt", d. h. nicht privilegirt.) Allein nicht jede Veränderung ist als Verbesserung privilegirbar, sondern nur jene, die in einer Hinzufügung besteht. Veränderungen anderer Art, Vereinfachungen können nicht Gegenstand eines Privilegiums sein, und zwar ohne jede Rücksicht auf ihren Nutzen. Der Nutzen der privilegirbaren Verbesserung muss bestehen: entweder in der Erhöhung des Gebrauchswerthes oder bei gleichem Gebrauchswerthe in der Verminderung der Erzeugungskosten. Verschönerung der Form allein ist jedoch keinesfalls privilegirbar, selbst wenn der Gegenstand eben durch diese Verschönerung — infolge der Mode, der Geschmacksrichtung — eine Erhöhung des Gebrauchswerthes erlangen sollte. Denn die bloße Form wird nicht durch das Privilegien-Gesetz, sondern durch das Musterschutzgesetz geschützt.

Gleich der selbständigen Erfindung muß auch die Verbesserung entweder ein Industrieerzeugnis, oder ein Erzeugungsmittel oder eine Erzeugungsmethode zum Gegenstande haben, sie muß ferner den gesetzlichen Neuheitscharakter an sich tragen, wie eine Erfindung. Nur durch den Mangel an Selbständigkeit unterscheidet sich die Verbesserung von der Erfindung, so daß man die Verbesserung eine „unselbständige Erfindung" nennen kann. Begreiflicherweise ist nur jener Theil des Gesammtobjectes, in welchem die Verbesserung zum Ausdrucke gelangt, Gegenstand der Privilegirung (§ 4 Priv.-Ges.); hinsichtlich der übrigen Theile ist entweder, soferne sie nicht für sich selbst schon Gegenstand eines Privilegiums, sondern bereits „bekannt" sind, ein ausschließliches Privilegium nicht mehr denkbar, oder es kann, sofern sie gleichfalls unter Privilegien-Schutz stehen, die Ausübung des Privilegiums auf die Verbesserung nicht anders möglich sein, als im Einverständnisse mit dem Besitzer des früher verliehenen Privilegiums (§ 23), weil ja dem Rechte auf die erfundene Verbesserung das Recht auf den von der Verbesserung unberührt gebliebenen Theil des Gesammtobjectes gegenübersteht.

3. Entdeckungen.

Der Sache nach ist eine Entdeckung etwas ganz anderes als eine Erfindung. Im wissenschaftlichen Sinne läßt sie sich bezeichnen als die Aufdeckung (Auffindung) eines in der Natur schon vorhandenen, aber bis jetzt nicht gekannten Objectes (Naturkraft, Naturproduct). Es ist klar, daß auf solche Entdeckungen ein Privilegien-schutz nicht verliehen werden kann, nicht blos deshalb, weil das, was die Natur an Kraft besitzt und durch ihre Kraft geschaffen hat, der gesammten Menschheit oder der Gesammtheit eines Staates nicht zu Gunsten des einzelnen Entdeckers entzogen werden darf, sondern auch deshalb, weil ohne Hinzuthun menschlicher Thätigkeit die unmittelbare Verwendbarkeit für industrielle Zwecke noch nicht gefunden ist. Erst durch diese menschliche Thätigkeit, durch das Schaffen, entsteht ein ideales Rechtsobject, und dieses heißt Erfindung.

Eben darum, weil in der menschlichen Thätigkeit, wodurch Naturkräfte oder Naturproducte auf eine bestimmte Art für die Industrie verwerthet werden, das Erfinden besteht, können — im Sinne der Wissenschaft — Arbeitsmethoden überhaupt nicht „entdeckt", sondern nur erfunden werden.

Unser Privilegien-Gesetz aber gibt eine ganz andere Definition der Entdeckung und sieht gerade in einer Arbeitsmethode — unter besonderen Umständen — den Gegenstand einer privilegirbaren Entdeckung. Denn in § 1 heißt es:

„Man versteht unter Entdeckung jede Auffindung einer zwar schon in früheren Zeiten ausgeübten, aber wieder ganz verloren gegangenen, oder überhaupt einer im Inlande unbekannten industriellen Verfahrungsweise."
Auf eine solche Entdeckung kann ein Privilegium ertheilt werden, vorausgesetzt, daß sie neu und durch das Gesetz nicht ausdrücklich von der Privilegirbarkeit ausgeschlossen ist.

Wirft man den Blick über diese Stelle hinaus auf den Gesammtinhalt des § 1, so möchte es allerdings scheinen, als ob auch industrielle Erzeugnisse und Erzeugungsmittel der Gegenstand einer Entdeckung sein könnten, falls dieselben zwar in früheren Zeiten ausgeübt worden, aber wieder ganz verloren gegangen oder überhaupt im Inlande unbekannt sind. Denn im ersten Satze des § 1 wird ganz allgemein gesagt, daß ein Privilegium auf jede neue „Entdeckung" ertheilt werden kann, welche ein neues Erzeugnis der Industrie, ein neues Erzeugungsmittel oder eine neue Erzeugungsmethode zum Gegenstande hat.

Es könnte also vielleicht die **Methodenentdeckung** nur eine von den verschiedenen Arten privilegirbarer Entdeckungen sein, und es könnte sich in diesem Falle bei der **Methodenentdeckung** nur um einen anderen **Neuheitsbegriff** handeln, als bei der **Methodenerfindung**. Allein genau besehen, ist dies keineswegs der Fall. Denn der vom Gesetze aufgestellte Neuheitsbegriff gilt nicht nur für Erfindungen und Verbesserungen, sondern **wortdeutlich auch für Entdeckungen**.

Indem also das Gesetz sagt, was es unter Entdeckungen verstanden wissen will, gibt es nicht eine besondere Neuheitsdefinition für Entdeckungen, sondern nur die Definition des Entdeckungsbegriffes selbst.

Demnach enthält der Context des § 1, sofern er von den Entdeckungen spricht, allerdings einen Widerspruch mit sich selbst, welcher nur dadurch gelöst werden kann, daß man die **Definition** für maßgebend hält. Unter welchen Umständen eine Verfahrensweise als „überhaupt im Inlande unbekannt" für eine Entdeckung zu halten sei, ist zweifellos nach dem zu entscheiden, was nach dem Wortlaute des Neuheitsbegriffes als „im Inlande unbekannt" zu gelten hat. Was aber die „in früheren Zeiten" erfolgte Ausübung einer seither ganz verloren gegangenen und nun erst wieder entdeckten Verfahrensweise betrifft, so bestimmt das Gesetz leider mit keiner Silbe, welche Zeit nach der letzten Ausübung vor dem Verlorengehen verstrichen sein müsse. Kurz, die ganze Entdeckungsdefinition erscheint so unglücklich stylisirt, daß sie geradezu unbrauchbar ist. Und sie kommt auch thatsächlich niemals zur Anwendung. Wenn das Gesetz es anders wollte, hätte es sich anders ausdrücken sollen.

Die österreichischen Privilegien werden ausnahmslos für „Erfindungen" ertheilt, so z. B. auch auf die Erzeugung von antiken Goldfäden aus thierischen Membranen, obgleich hier wirklich eine Erfindung vorliegt, auf welche der gesetzliche Begriff einer Entdeckung wohl passen würde. Der gesetzliche Schutz für Entdeckungen ist eben kein anderer als der für Erfindungen, und die Voraussetzungen, unter denen eine industrielle Methode im Inlande als unbekannt zu gelten hat, sind bei der Entdeckung genau dieselben wie bei der Erfindung.

Aus dem, was hinsichtlich der Verbesserungen und Entdeckungen bemerkt wurde, ergibt sich, daß zufolge den Bestimmungen des Privilegien-Gesetzes eine **Verbesserung** nur dann privilegirbar ist, wenn sie nebst ihren eigenthümlichen Merkmalen auch jene einer privilegirbaren **Erfindung an sich trägt**; und daß eine privilegirbare **Entdeckung** nichts anderes ist als die Erfindung einer privilegirbaren Erzeugungsmethode. Man ist daher berechtigt, das österreichische Privilegien-Gesetz schlechthin das Gesetz über den **Erfindungsschutz** zu nennen und von anderen Rechtsobjecten des Privilegialschutzes abzusehen.

* * *

Indessen deutet schon § 1 darauf hin, daß es Fälle gibt, in denen die Privilegirung einer Erfindung gewissen **Beschränkungen** unterliegt; dieselben nehmen zuweilen den Charakter directer Privilegirungsverbote an. Ein Theil der Beschränkungen läßt sich schon aus der gesetzlichen **Definition** der privilegirbaren Erfindungen ableiten, z. B. die Beschränkung jedes Privilegiums auf **seinen eigentlichen Gegenstand**, — die Nichtprivilegirbarkeit von wissenschaftlichen **Principien** und von **Druckschriften**. Ein anderer Theil hingegen stützt sich auf besondere Gesetzesbestimmungen, welche dem Begriffe einer nach der Definition privilegirbaren Erfindung **Ausnahmen** gegenüberstellen.

Zu den Beschränkungen der ersten Art gehört es, daß **wissenschaftliche Principien** als solche, d. h. losgelöst von der praktischen Anwendung auf ein Industrieproduct, Productionsmittel oder Verfahren, dem Begriffe einer privilegirbaren Erfindung nicht entsprechen; und eben dahin gehört es auch, daß sich der Privilegialschutz nur auf das beziehen kann, was nach Maßgabe der Beschreibung und der Neuheitsregel eben den Gegenstand eines bestimmten Privilegiums ausmacht. Darnach kann dieses Privilegium nicht auch solche Theile eines Ganzen umfassen, welche — wie bei Verbesserungen — als bereits bekannte Dinge überhaupt unfähig sind, den Gegenstand eines Privilegiums zu bilden, oder welche bereits unter dem Schutze eines anderen Privilegiums stehen.

Auf diese scheinbaren Ausnahmen von der Privilegirbarkeit wurde schon bei der Erörterung des Erfindungsbegriffes hingewiesen; das Gesetz hielt es aber für nöthig, sie in eigenen §§ (4 und 5) besonders hervorzuheben.

Aus jener Definition resultirt noch weiters, daß manche Dinge, welche von dem, der sie ersonnen hat, vielleicht als Erfindungen bezeichnet werden, die Privilegirung nicht zulassen, und zwar auch dann nicht, wenn sie zu ihrer Ausführung industrielle Hilfsmittel benöthigen, die aber für sich selbst keinen Theil der Erfindung bilden.

So könnte z. B. auf die Idee, an freien Flächen, Mauern, Buch- oder Zeitungsumschlägen u. s w. Annoncen anzubringen, oder auf ein Verfahren zur Vertilgung der Reblaus mittelst gewisser Anpflanzungen, ein Privilegium nicht ertheilt werden; denn durch Einfälle solcher Art, deren Nützlichkeit hier gar nicht in Frage kommt, wird weder ein neues Industrieproduct, noch ein Erzeugungsmittel oder eine Erzeugungsmethode geschaffen. Ebenso ist Alles, was unter den gesetzlichen Begriff einer Druckschrift fällt, von der Privilegirung ausgeschlossen, weil bei Druckschriften nicht ihre auf industriellem Wege herstellbare äußere Form, sondern ihr Inhalt maßgebend ist, der unter allen Umständen als etwas „Geistiges" betrachtet und behandelt werden muß, ohne sich in das Abwägen, in das Mehr oder Minder des geistigen Gehaltes einzulassen.

Der in einer Druckschrift mitgetheilte Gedanke des Autors läßt sich in seiner Qualität als rein geistige Thätigkeit auf industriellem Wege überhaupt weder produciren noch reproduciren. Dasjenige, womit sich der Gedanke des Autors beschäftigt hat, kann allerdings eine privilegirbare Erfindung sein, aber Object des Privilegialschutzes ist eben nur die Erfindung selbst, nicht das Denken an sich, wenngleich dasselbe in Form einer Druckschrift mitgetheilt wird. Diese letztere, als mitgetheilter Gedanke, verlangt und findet den staatlichen Schutz in einer anderen Form als die mittelst der Druckschrift publicirte Erfindung. Daher steht der Gedanke als solcher unter dem Schutze des Autorenrechtes, die auf industriellem Wege reproducirbare Erfindung aber unter dem Schutze des Privilegialrechtes. Das Buch kann nicht privilegirbar sein, wohl aber der Gegenstand, von dem es handelt. Finden sich Autor und Erfinder in Einer Person zusammen, dann kann dieselbe für ihre geistige Thätigkeit allerdings zweierlei Rechtsschutz in Anspruch nehmen: für das Buch den Autorenschutz, für die Erfindung den Erfindungsschutz. Daß unter dem „Buche" nicht das Papier, die Lettern, die Druckerschwärze, der Einband gemeint sind, versteht sich von selbst; denn alle industriellen Mittel, mit denen die Druckschrift hergestellt wird, können immerhin Objecte des Privilegialschutzes sein.

Wirkliche Ausnahmen von der Regel der Privilegirbarkeit einer der gesetzlichen Definition entsprechenden Erfindung sind in den §§ 2 und 3 enthalten; in § 2 sind jene Ausnahmen aufgezählt, welche im allgemeinen Interesse der Staatsverwaltung gemacht werden, in § 3 jene von specifisch volkswirthschaftlicher Bedeutung.

§ 2. Hier müssen zwei Gruppen von Privilegirungsverboten unterschieden werden: *A.* solche, welche durch das Privilegien-Gesetz direct geschaffen sind, *B.* solche, die auf anderen gesetzlichen Anordnungen beruhen, an denen das Privilegien-Gesetz nichts ändern will.

Gruppe *A.*

„Bereitung von Nahrungsmitteln, Getränken und Arzneien."

Diese drei Arten von Objecten unterliegen dem Privilegirungsverbote ohne Unterschied, ob sie für Nahrung, Trank und Heilzwecke von Menschen oder von Thieren bestimmt sind, da das Gesetz einen solchen Unterschied nicht macht. Das Verbot erstreckt sich also insbesondere auch auf Erfindungen zur Bereitung von Viehfutter. Da die Getränke neben den Nahrungsmitteln genannt werden, so sind alle Getränke von der Privilegirung ausgeschlossen, und nicht etwa blos solche, welche zur Nahrung dienen. Getränke ist Alles, was getrunken werden kann, also jede genießbare Flüssigkeit, wobei es auf die Annehmlichkeit des Genusses nicht ankommt, und ebensowenig auf den Zweck des Trinkens. Ist letzterer ein Heilzweck, so fällt das Getränk natürlich unter den Begriff der Arznei. Auf Genussmittel im Allgemeinen erstreckt sich jedoch das Privilegirungsverbot nicht, sondern nur auf die trinkbaren und auf solche, welche Nahrung gewähren.

Die Arten des Genusses sind aber für den Menschen sehr mannigfach, und es ist keineswegs nothwendig, daß das „Genießen" von Seite des Menschen ein körperliches, insbesondere ein Verzehren sei, wobei sich freilich — im objectiven Sinne — von selbst versteht, daß jedes körperliche Ding durch Gebrauch allmälig aufgezehrt wird. Es gibt auch physiologische Genussmittel als Gegenstände der Industrie, z. B. Parfums, ja auch ästhetische, bei denen es sogar von der Mode abhängen kann, ob sie Genuss gewähren oder nicht; z. B. Schönheitsmittel zum Färben der Haut, der Haare, der Fingernägel u. s. w. — Insoferne solche Mittel nicht etwa als Arzneien zu betrachten sind oder zur Gruppe *B* des § 2 gehören, kann ihnen ein Privilegium nicht versagt werden.

Das Verbot trifft die Bereitung von Nahrungsmitteln, Getränken und Arzneien, nicht aber die Mittel zur Conservirung und ebensowenig die Erfindung von Maschinen oder Apparaten, welche bei der Bereitung in Anwendung kommen. Daher kann z. B. in der Zuckerfabrikation niemals das Verfahren im Ganzen, wohl aber hinsichtlich einzelner Theile der Production, z. B. ein Verfahren zum Ausscheiden der Zuckermasse, oder aber eine Rübenschneidemaschine privilegirt werden.

Ueber den Begriff Arznei hat sich die medicinische Facultät der Wiener Universität in einem eigens erstatteten wissenschaftlichen Gutachten ausgesprochen. Demzufolge sind Arzneien „alle jene Mittel, welche den Zweck haben, krankhafte Erscheinungen zu beheben oder zu lindern". Welche Erscheinung krankhaft sei, kann natürlich nur ein Sachverständiger beurtheilen; aber dadurch, daß der Erfinder seinen Gegenstand ein Arzneimittel nennt, oder daß er selbst oder das Publicum die Erfindung für ein Arzneimittel hält, wird die Sache noch nicht zur Arznei und hat auch nicht den Zweck einer solchen. Indessen kann eine solche Erfindung wegen unerlaubter Vorspiegelung von Heilkräften unter die Verbote der Gruppe *B* fallen.

Frägt man um den Grund, weshalb die Gruppe *A* dem Verbote der Privilegirung unterworfen ist, so muß erklärt werden, daß ein solcher im allgemeinen Zwecke des Erfindungsschutzes nicht gefunden werden kann, und daß § 2 in der Gruppe *B* genügenden Raum hätte, um alle Erfindungen, die dem Interesse der Gesammtheit zuwiderlaufen könnten, in die Kategorie der Privilegirungsverbote einzubeziehen. Die gewöhnlichen Erklärungsversuche sind wissenschaftlich nicht haltbar. Man will dem Volke das Essen und Trinken nicht vertheuern und dem Schwindel der medicinischen Geheimmittel nicht Vorschub leisten. Aber durch die Privilegirung neuer Erfindungen kann der Gebrauch des schon bisher Bekannten und Gewöhnten nicht vertheuert, sondern nur verbilligt werden, und die Arcana lassen sich nicht wirksamer aus dem Wege räumen als durch Privilegirung, weil ein Privilegium nur auf Grund einer klaren Beschreibung ertheilt werden darf, die jedem Sachverständigen ermöglicht, den Erfindungsgegenstand ohneweiters herzustellen. Das Gesetz hätte also nur zu bestimmen gebraucht, daß die Beschreibungen privilegirter Arzneimittel nicht geheim gehalten werden dürfen. Dafür, daß ein privilegirtes Mittel irgend welcher Art auch jenen E r f o l g habe, den sich das Publicum davon verspricht, hat das Privilegien-Gesetz in § 17 ohnehin jede Haftung von der Staatsverwaltung abgewälzt, und die Wirksamkeit des allgemeinen Strafgesetzes wird durch das Privilegien-Gesetz selbstverständlich nicht aufgehoben.

Am wenigsten begründet erscheint wohl die Behauptung, daß die Mittel des nothwendigsten Lebens- und Gesundheitsbedarfs für den Staat eine z u h o h e W i c h t i g k e i t haben, als daß ihrem Erfinder ein Vorrecht auf die Verwerthung dieser Mittel gegeben werden dürfte. Denn die Rechtfertigung eines gesetzlichen Erfindungsschutzes überhaupt liegt ja einzig und allein darin, daß es für den Staat von „Wichtigkeit" ist, die Erfindungen zu fördern und gemeinnützig zu machen; und dieses Motiv ist um so stärker, je größer die Wichtigkeit einer einzelnen Erfindung. Einer Erfindung gerade wegen ihrer Wichtigkeit für die Gesammtheit das Privilegium versagen, heißt also die Berechtigung des Erfindungsschutzes principiell in Abrede stellen. Man mag dieselbe ja leugnen, aber es nähme sich seltsam aus, wenn dies gerade in einem — P r i v i l e g i e n - G e s e t z e geschähe. Nicht die Wichtigkeit einer Erfindung für das Gemeinwohl, sondern die G e f a h r für dasselbe ist es, welche den Gesetzgeber veranlasst hat zu weiteren Ausnahmen von der Privilegirbarkeit neuer industrieller Erfindungen.

Was indessen das auf Nahrungsmittel und Getränke gelegte Privilegirungsverbot betrifft, so erscheint es kaum statthaft, unserem Gesetze im Ernste das Motiv zu unterlegen, daß es diese Gegenstände wegen ihrer allzugroßen Wichtigkeit für das Gemeinwohl von der Privilegirbarkeit ausnehme, etwa nach dem Vorbilde des mittelst des Privilegien-Gesetzes vom Jahre 1810 erlassenen Verbotes hinsichtlich der landwirthschaftlichen Gegenstände. Die Sache lässt sich weit einfacher aus der Genesis unseres jetzigen Gesetzes erklären*).

Dem Privilegien Gesetze vom Jahre 1820 war dieses Verbot fremd gewesen. Bald aber vermehrten sich in Wien die Branntweinschänken, in denen privilegirte Spirituosen verkauft wurden, derart, daß sich die Regierung, zumal aus Rücksicht auf die propinationsberechtigten Gemeinden und Herrschaften, veranlasst sah, im Jahre 1829 die Privilegirung von Getränken zu untersagen. Und dabei ist es seither geblieben. Noch bei Genehmigung des Gesetzes vom 15. August 1852 befahl Se. Majestät den Behörden die sofortige Zurückweisung aller Gesuche um Privilegirung von Nahrungsmitteln und Getränken, da dieselben „in der Regel" kein Gegenstand eines Privilegiums sein können. Die Clausel „in der Regel" erscheint hier bedeutungslos, da das Gesetz nirgends eine Ausnahme zulässt. Es waren also ganz specielle Gründe praktischer Natur, welche das fragliche Verbot in die österreichische Gesetzgebung einführten und in derselben bis jetzt fortbestehen ließen.

Gruppe B.

„Erfindungen, deren Ausübung aus öffentlichen Rücksichten für die Gesundheit, Sittlichkeit oder Sicherheit oder im allgemeinen Staatsinteresse **gemäß den gesetzlichen Anordnungen** unzulässig ist."

Unter einer „gesetzlichen" Anordnung ist aber nicht blos ein Gesetz, sondern jede Verfügung zu verstehen, welche auf Grund eines Gesetzes in gesetzmäßiger Form getroffen worden ist. Die Gesundheits-, Sittlichkeits-, Sicherheitsrücksichten müssen öffentliche sein: als solche erscheinen sie aber nicht blos dann, wenn sie sich auf die Gesammtheit der Bevölkerung beziehen, sondern schon darum, weil sie Gegenstand einer

---

*) Beck, „Erfindungsschutz in Oesterreich".

gesetzlichen, also für die Gesammtheit verbindlichen Anordnung geworden sind, wenngleich die Anordnung sich nur auf einzelne Classen der Bevölkerung bezieht. Das Gleiche gilt selbstverständlich von den gesetzlichen Anordnungen im allgemeinen Staatsinteresse, in welchem Ausdrucke alles das zusammengefasst erscheint, was die für die Wahrung dieses Interesses eingesetzten und verantwortlichen Staatsorgane als allgemeines Staatsinteresse erkennen.

Woferne aber eine gesetzliche Anordnung, kraft deren die Ausübung einer Erfindung im Namen der Gesundheits-, Sittlichkeits-, Sicherheits- oder allgemeinen Staatsinteressen untersagt wäre, nicht besteht, kann einer Erfindung das Privilegium nicht etwa deshalb versagt werden, weil nach dem s u b j e c t i v e n E r m e s s e n der Verleihungsbehörde die erwähnten Interessen durch die Erfindung bedroht erscheinen; noch weniger deshalb, weil etwa die M ö g l i c h k e i t vorliegt, daß von der Erfindung ein ungesetzlicher oder schädlicher Gebrauch gemacht wird, falls die Erfindung in Hände kommen sollte, für welche sie nicht bestimmt ist u. s. w. Mit einem Worte: die Verleihungsbehörde hat bei der Versagung des Privilegiums sich an die schon gegebenen allgemeinen Vorschriften zu halten, aber n i c h t f ü r d e n c o n c r e t e n e i n z e l n e n F a l l i h r E r m e s s e n a n d i e S t e l l e e i n e r s o l c h e n V o r s c h r i f t z u s e t z e n.

Ueberhaupt ist die auf Gruppe *B* bezügliche Gesetzesbestimmung in den engsten Zusammenhang mit § 19 des Privilegien-Gesetzes zu bringen, wonach ein Privilegium in keinem Falle von den gesetzlichen Anordnungen und Vorschriften entbindet, die in öffentlichen Gesundheits-, Sittlichkeits- oder Sicherheitsrücksichten oder im allgemeinen Staatsinteresse bestehen oder erlassen werden; es bleibt folglich die Ausübung eines Privilegiums, auch wenn es mit selbstverständlicher Beachtung der Grundsätze des § 2 ertheilt worden ist, von allen derartigen Anordnungen und Vorschriften abhängig, wonach dieselbe, je nachdem sie durch jene eingeschränkt oder selbst ganz untersagt wird, nur beschränkt oder auch gar nicht stattfinden darf, o h n e d a s s d a s P r i v i l e g i u m e i n e A u s n a h m e z u b e g r ü n d e n v e r m a g.

Dieser § 19 gehört eigentlich dem Zusammenhange nach zur Lehre von den R e c h t s v e r h ä l t n i s s e n des Privilegienrechts; es ist aber auch im Zusammenhange mit den Rechtsobjecten des Privilegienrechts auf ihn hinzuweisen, weil sich aus ihm ergibt, daß eine allzuängstliche Auffassung der Bestimmungen des § 2 in Betreff der Verbotsgruppe *B* nicht gerechtfertigt erscheint. Dieselben werden darum auch in der Praxis cum grano salis aufgefasst, um nicht unnöthiger Weise Jemandem aus öffentlichen Rücksichten ein Privilegium ganz zu versagen, dessen Ertheilung ihm behufs einer etwa möglichen Verwerthung seiner Erfindung vortheilhaft sein kann, wenngleich der Ausübung im Inlande durch § 19 gewisse Schranken gezogen sind.

Unter allen Umständen jedoch werden aus Gründen des allgemeinen Staatsinteresses und im Hinblicke auf die zu seiner Wahrung bestehenden Gesetze niemals Erfindungen privilegirt, welche unter die Staatsmonopole fallen.

Was indessen das Pulvermonopol betrifft, so ist zwischen dem Schießpulver und den sehr zahlreichen Sprengstoffen, welche als Gegenstände neuer Erfindungen auftauchen, zu unterscheiden. Letztere sind von der Privilegirung keineswegs ausgeschlossen. Auch ist die Ausübung eines Sprengmittelprivilegiums aus Gründen der öffentlichen Sicherheit oder des allgemeinen Staatsinteresses durchaus nicht „unzulässig". Vielmehr wird die Erzeugung von Sprengstoffen thatsächlich sowohl von der Heeresverwaltung selbst, als auch (nach Maßgabe der hiefür bestehenden Vorschriften) von Privatpersonen ausgeübt. Warum sollte eine solche Erfindung, die nicht unter das Pulvermonopol fällt, den Privatpersonen nicht auch privilegirt werden? Ein Privilegium gibt ja keinen Anspruch auf bedingungslose Ausübung, denn die Ausübung ist, wie schon gesagt, von allen diesbezüglichen Vorschriften abhängig, und diese reichen nach den bisherigen Erfahrungen vollkommen aus, um das Interesse des Staates in sachlicher Hinsicht — die beim Privilegien-Gesetz ausschließlich in Betracht kommt — zu wahren. Allerdings wird ein neues Erzeugnis, sobald es privilegirt ist, nicht ohne die Bezahlung der Patentprämie zu haben sein. Allein dies liegt im Sinne des Privilegien-Gesetzes, welches gerade dafür sorgt, daß der Erfinder seine Erfindung, auch wenn er sie im Inlande gar nicht selbst ausüben dürfte, doch nach anderen Richtungen hin ausnützen und sowohl im In-, als auch im Auslande verwerthen kann. Insofern es sich nur um das Entgelt für die Benützung einer Erfindung handelt, wäre es zweifellos ein Verstoß gegen den Geist und Zweck unseres Privilegien-Gesetzes, ja einer modernen Patentgesetzgebung überhaupt, den Erfinder gegenüber der Staatsverwaltung in eine Zwangslage, ja auch nur in eine minder günstige Position zu versetzen als gegenüber jedem Privaten, der das Recht zur Benützung einer fremden Erfindung erwerben will. Der Staatsverwaltung stehen Mittel genug zur Verfügung, um durch Dienstverträge u. dgl. zu verhindern, daß etwa Erfindungen, welche von staatlichen Civil- und Militärorganen im Auftrage der Regierung oder doch mit den von ihr zu Gebote gestellten Behelfen, Maschinen, Arbeitskräften, Geldern u. s. w. gemacht werden, den Erfindern erst abgekauft werden müssen, um zur Verwendung für Staatszwecke gelangen zu können. In dieser Richtung Vorsorge zu treffen, ist keinesfalls Sache des Privilegien-Gesetzes *).

§. 3 statuirt Ausnahmen von der Privilegirung: *a*) im nationalökonomischen Interesse, *b*) im Interesse desjenigen, der bereits im Auslande den Erfindungsschutz genießt. Im Zusammenhange mit der Frage um den Gegenstand des Privilegialrechtes kommt nur Punkt *a* zu betrachten; Punkt *b* gehört in die Lehre vom Rechtssubjecte.

Eine Erfindung kann allen Anforderungen entsprechen, welche § 1 an die Privilegirbarkeit stellt — sie kann gleichzeitig auch mit allen jenen staatlichen Interessen vereinbar sein, in deren Namen § 2 ein Privilegium versagt — aber ihre Privilegirung kann aus national-

---

*) Bei englischen Eisenbahngesellschaften besteht schon seit Jahren die Gepflogenheit, Beamte und Agenten nur unter der Bedingung in Dienst zu nehmen, daß alle von ihnen erworbenen Patente von der Gesellschaft ausgenützt werden können, wenn diese Patente in einer Zeit erworben wurden, zu der die Erfinder im Dienste der Gesellschaft standen. Das englische Board of trade fand sich nicht veranlasst, dagegen einzuschreiten, „weil" — wie der Präsident des Board of trade, Mr. Hicks Beach, infolge einer an ihn gerichteten Interpellation im Unterhause bemerkte — „diese Bedingung in den Bestallungsvertrag der Angestellten aufgenommen worden ist".

ökonomischen Rücksichten schädlich sein, obgleich die Erfindung neu ist*).

Die Erfindung kann nämlich zwar im Inlande vollkommen unbekannt, aber im Auslande nicht blos überhaupt bekannt sein, sondern sogar in Ausübung stehen, ohne daß diese Ausübung im Auslande durch ein Patent geschützt und Anderen als dem Patentirten untersagt wäre. Wenn nun auf eine solche Erfindung ein inländisches Privilegium ertheilt würde, dann befände sich das Inland in einer entschieden ungünstigeren Lage als das Ausland, weil während der ganzen Dauer des Privilegiums die inländischen Producenten, welche sonst in der Lage wären, den gleichen Erfindungsgegenstand herzustellen, in der Production gehemmt, die inländischen Consumenten aber gezwungen wären, das Privilegium zu respectiren und den betreffenden Gegenstand zu Zwecken eines gewerblichen Verschleißes nur vom Inhaber des Privilegiums zu beziehen, d. h. theurer zu bezahlen, als wenn sie ihn unter freier Concurrenz des Angebotes erwerben könnten.

Der Gesetzgeber will nicht einer abstracten Theorie (der bloßen „Neuheit") zuliebe vor den thatsächlichen Verhältnissen und Bedürfnissen des eigenen Landes die Augen verschließen. Dieses Land ist ja keine unzugängliche Insel in der Staatenwelt, und es soll daher etwas geschehen, um das wirthschaftliche Interesse des Inlandes auch solchen Erfindungen gegenüber, die das Gesetz selbst als neu ansieht, vor Schaden zu bewahren.

Von diesem Gedanken geleitet, bestimmt § 3, daß „auf eine neue Erfindung, welche aus dem Auslande in das österreichische Staatsgebiet eingeführt werden will", ein Privilegium nur dann verliehen werden kann, „wenn die Ausübung derselben auch im Auslande noch auf ein ausschließendes Privilegium beschränkt ist".

Dieser Text weckt eine Menge von Fragen, zu deren Beantwortung er nicht ausreicht — eine Menge von Zweifeln, die er nicht befriedigend zu lösen vermag. Es sollen hier nur die nächstliegenden hervorgehoben werden.

---

*) Hier kann von „Neuheit" selbstverständlich nur im Sinne des positiven Gesetzes die Rede sein. Dies übersieht Krauß, wenn er (a. a. O., pag. 33) meint, daß den sogenannten Einführungs-Privilegien eigentlich gar keine wirklichen Erfindungen zugrunde liegen, weil dem Gegenstande mit Rücksicht auf dessen Bekanntsein im Auslande die Neuheit fehlt.

Was ist unter Einführung einer Erfindung zu verstehen? Genügt hiezu, daß der Gegenstand im Auslande erfunden wurde, oder muß die Erfindung im Auslande auch schon in Ausübung stehen? Die Worte: „wenn die Ausübung ..... beschränkt ist", machen durchaus nicht klar, ob das Gesetz für die legale „Einführung" das Factum einer (unter Patentschutz stehenden) Ausübung voraussetze, oder ob es sagen will, die Erfindung müsse durch ein ausländisches Patent gedeckt sein, falls sie im Auslande ausgeübt wird. Der Begriff der Einführung ist aber ein ganz anderer, je nachdem die erste oder die zweite Auslegung die richtige ist.

Was heißt, daß eine Erfindung eingeführt werden will? Soll die Absicht des Privilegienwerbers direct darauf gerichtet sein, in Oesterreich eine Erfindung privilegiren zu lassen, von der er weiß, daß sie im Auslande bereits patentirt oder nicht patentirt ist; oder gilt jede Erfindung als eingeführt, die im Auslande thatsächlich mit oder ohne Patentschutz ausgeübt wird, mag der Privilegiumwerber darum wissen oder nicht? Oder soll das „will" gar nur eine Redensart sein? Je nachdem dasselbe in der einen oder anderen Weise aufzufassen ist, ändert sich der Begriff der Einführung, auf welche die Cautelen des § 3 zu beziehen sind; der Paragraph selbst aber gibt auf die Frage keine Antwort. Denn wenn er im weiteren Verlaufe auch sagt, wem das Patent gehören muß, durch welches die eingeführte Erfindung gedeckt sein soll, um ein rechtsgiltiges österreichisches Privilegium zu erhalten, so ist damit noch keineswegs entschieden, was unter der Einführung zu verstehen sei, wenn die Erfindung im Auslande nicht unter Patentschutz steht.

Welcher Sinn ist dem Worte „Ausübung" beizulegen? Für dasselbe findet sich im Privilegien-Gesetz nirgends eine Definition, und nur so viel ist gewiss, daß die Ausübung ganz verschiedene Bedeutungen haben muß, je nachdem sie eine Sache der Pflicht oder des Rechtes ist, und daß es in Anbetracht des Zweckes des Privilegien-Gesetzes einen ganz anderen Sinn gibt, je nachdem von Ausübung im Zusammenhange mit dem Neuheitsbegriffe die Rede ist, wo das Bekanntsein der Erfindung den Ausschlag gibt, oder von einer Ausübung, welche die Interessen des Inlandes nur dem Auslande gegenüber schädigt, in welcher Beziehung man sagen muß, daß nur die ausländische Erzeugung einen wirklichen Schaden für das Inland in sich schließen würde. Der Neuheitsbegriff des § 1 ist von den Bestimmungen des § 3 scharf zu sondern, allein darüber, was in jedem der beiden Paragraphen unter Ausübung zu verstehen sei, schweigt das Gesetz.

Das Allerunklarste aber ist der Begriff Ausland, wie er im § 3 gebraucht wird.

Muß eine eingeführte Erfindung in allen ausländischen Staaten, oder doch wenigstens in allen denen, wo sie zur Ausübung gelangt, patentirt sein? Oder nur in einem dieser Staaten? Und welcher ist dann der entscheidende? Derjenige, dem der Privilegiumwerber durch seine Nationalität oder durch sein Domicil angehört, oder in dem er sich beim Ansuchen um das Privilegium zufällig aufhält? Welches ausländische Patent hat die Grundlage des österreichischen Privilegiums zu bilden, wenn z. B. ein Engländer, dessen Erfindung zur Zeit seiner inländischen Privilegiumswerbung bereits in England, Belgien, Nordamerika in Ausübung steht, um das Privilegium in Oesterreich ansucht?

Das Gesetz bleibt auf alle diese Fragen die Antwort schuldig. Sie muß aber gefunden werden, gleichviel, ob man den § 3 schon im Stadium der Privilegiums-Ertheilung anwenden will — wie dies in den Siebzigerjahren geschah — oder erst im Streitfalle, wo es sich nun die Giltigkeit eines ertheilten Privilegiums handelt. Die ungewöhnlichen, a priori unlösbaren Schwierigkeiten für die Handhabung des § 3 haben dahin geführt, daß das Handelsministerium als competente Privilegienbehörde sich mit der Frage der Einführung von Erfindungen jetzt überhaupt nicht mehr ex officio, im Ertheilungsverfahren, sondern erst im Nichtigkeitsstreite befasst, wo lediglich dasjenige zu würdigen ist, was von den Parteien selbst behauptet und bewiesen wird. Für die Entscheidung sind unbeschadet der Würdigung der jedem concreten Falle eigenthümlichen Sachlage im Allgemeinen folgende Grundsätze maßgebend, die dem Wortlaute des Gesetzes als entsprechend angesehen werden müssen, da ihnen derselbe keinenfalls widerspricht, und die dem Geiste des Gesetzes so gut als möglich Geltung zu verschaffen suchen.

Wird von einer privilegirten Erfindung behauptet, sie sei entgegen den Bestimmungen des § 3 aus dem Auslande eingeführt worden, so kommt die ganze Frage überhaupt nur dann in Betracht, wenn der Beweis vorliegt, daß die Erfindung schon vor dem Prioritätszeitpunkte in irgend einem bestimmten Staate des Auslandes zur Ausübung gelangt sei*). Da es sich bei dieser Ausübung nicht um den Neuheitsmangel der Erfindung, sondern um die Schädigung der einheimischen Interessen durch die ausländische Industrie handelt, so wird hier unter Ausübung nur die Erzeugung verstanden, nicht aber ein bloßes Bekanntsein der Erfindung durch beliebige Verbreitungsmittel.

Dort aber, wo die Ausübung stattfand, muß die Erfindung patentirt sein und das betreffende Patent noch in Rechtskraft stehen. Dieses nachzuweisen, ist Sache des Geklagten. Beweist er es nicht, so wird ausgesprochen, daß das Privilegium als nicht ertheilt zu betrachten sei, weil es nach § 3 nicht rechtsgiltig ertheilt werden konnte. Sollte aber der Kläger behaupten und beweisen, daß der Gegenstand des angefochtenen Privilegiums vor dem Prioritätstage in zwei oder mehreren ausländischen Staaten zur Ausübung gelangt sei, und würde dem gegenüber der Geklagte beweisen, daß die Ausübung wenigstens in einem dieser Staaten unter Patentschutz stattgefunden habe, dann müßte die Einführung dieser Erfindung zur Privilegirung — wenn sonst kein Anstand obwaltet — ohne Zweifel als eine der Anforderung des § 3 entsprechende angesehen werden. Denn das Gesetz verlangt nicht, daß die Ausübung des Privilegiumsgegenstandes im Auslande überall durch ein Patent geschützt sein müsse. Es spricht stets nur von „einem" oder von „dem" ausländischen Privilegium, ohne die Eventualität einer Ausübung in verschiedenen auswärtigen Staaten auch nur zu berühren (§§ 3; 9 c; 10 c; 29, 1 a, bb); und es geht bei Beurtheilung der Giltigkeit eines Privilegiums nach § 3 nicht an, mehr zu fordern, als das Gesetz selbst begehrt. — So wird nach Möglichkeit einem Gesetze Rechnung getragen; das sein Problem, die Industrie durch Maßregeln dem Auslande gegenüber zu schützen, nicht gelöst, sondern auf geradem Wege unlösbar gemacht hat.

---
*) Vgl. Krauß a. a. O., pag. 44.

II. Rechtssubjecte.

In § 7 stellt das Privilegien-Gesetz die einfache Grundregel auf: Wer mit Beachtung der gesetzlichen Vorschriften um ein Privilegium ansucht (wer es anmeldet), erhält es. Dabei wird nicht der geringste Unterschied zwischen In- und Ausländern gemacht und keine internationale Reciprocität des Erfindungsschutzes gefordert. Es kann also auch der Angehörige eines Staates, wo es gar keinen Erfindungsschutz gibt, wie dies bekanntlich bis in die neueste Zeit in der Schweiz der Fall war, ein österreichisches Privilegium erlangen. Erfüllt er die gesetzlichen Bedingungen, dann tritt gemäß § 18 die Ertheilung des Privilegiums als nothwendige Folge der Anmeldung ein.

Allerdings muss der Anmelder, dessen Gesuch dem Wesen nach dem gesetzlich festgestellten Formulare (Beilage A des Privilegien-Gesetzes) entsprechen und „darnach eingerichtet" sein soll, in diesem Gesuche „anzeigen", die betreffende Erfindung gemacht zu haben. Aber eine Untersuchung darüber, ob diese Anzeige auf Wahrheit beruhe, ist nicht nur nicht vorgeschrieben, sondern nach einer gewissen Richtung hin im Ertheilungsstadium sogar ausdrücklich untersagt. Denn § 17 bestimmt, daß eine wie immer geartete Untersuchung über die Neuheit der angegebenen Erfindung vor der Ertheilung des Privilegiums in keinem Falle stattfindet. Mag also die Erfindung schon früher, sei es von dem jetzigen Anmelder oder von einer anderen Person, gemacht worden sein, so ist eine Untersuchung hierüber, soweit es sich etwa um den Neuheitsmangel handelt, geradezu verboten, hinsichtlich der Person des Erfinders aber nirgends angeordnet. Es wird eben der Anmelder für den Erfinder gehalten und als solcher bei der Ertheilung des Privilegiums behandelt.

Allein auch nach Ertheilung des Privilegiums spielt die Frage, ob der Privilegirte wirklich der Erfinder sei, vor dem Forum der Privilegien-Behörde keine Rolle. Denn § 29 umfaßt alle Nullitätsgründe, und keiner derselben lautet dahin: „wenn die privilegirte Erfindung nicht vom angeblichen Erfinder gemacht wurde".

§ 29 sagt sub 1 a, cc allerdings, daß ein Privilegium seine Giltigkeit verliere (recte: ungiltig ertheilt worden sei), wenn der Eigenthümer eines in Kraft bestehenden älteren Privilegiums nachweiset, daß die später privilegirte Erfindung mit dem Gegenstande seines eigenen Privilegiums identisch sei; allein hier handelt es sich nur um den dem älteren Privilegium gebührenden Schutz, der das Nebeneinanderbestehen zweier identischer Privilegien unmöglich macht, nicht aber darum, ob der Eigenthümer des jüngeren Privilegiums wirklich der Erfinder des ihm privilegirten Gegenstandes sei. Denn eine und dieselbe Erfindung kann ja — gleichzeitig oder zu verschiedenen Zeiten — auf ganz selbststständige Art von mehreren Personen gemacht werden.

Es würde also zur Begründung der Nullität eines Privilegiums, das einer anderen Person als dem Erfinder verliehen wurde, nur der in § 29, sub 1, bezeichnete Fall erübrigen: „wenn es sich herausstellt, daß die gesetzlichen Erfordernisse zu einem ausschließenden Privilegium nicht vorhanden sind".

Allein auch dieser Nullitätsgrund trifft nicht zu. Ein Privilegium gebührt einer Erfindung, doch nirgends wird mit der erforderlichen Bestimmtheit gesagt, daß es nur dem Erfinder gebühre, und daß die Richtigkeit der vom Privilegium-Anmelder erstatteten Anzeige hinsichtlich seiner Urheberschaft ein gesetzliches Erfordernis für die Giltigkeit seines Privilegiums sei. Vielmehr erscheint die ganze „Einrichtung" des Gesuches um eine Privilegiums-Verleihung lediglich als eine Formalität, die zwar als vorgeschrieben von der Behörde auch wahrgenommen werden muß, deren Außerachtlassung aber nicht ohne weiters schon eine Nullität in sich schließt. So „muß" (nach § 10) dem Gesuche unter Anderem auch die Privilegientaxe oder die rechtskräftige Vollmacht des vom Privilegienwerber aufgestellten Bevollmächtigten beigeschlossen sein, und es wäre unstreitig ein grobes Versehen der Behörde, wenn sie etwa trotz unvollständiger Taxentrichtung, trotz des Mangels einer ordnungsmäßigen Vollmacht das Privilegium ertheilen würde. Aber wenn ein Privilegium ungeachtet solcher Gebrechen des Gesuches infolge eines behördlichen Verstoßes doch ertheilt worden sein sollte, dann dürfte wohl von der Ordnungswidrigkeit des Ertheilungsverfahrens, aber kann von der Ungiltigkeit des Privilegiums die Rede sein können. Auf diesen Punkt wird übrigens später, im Zusammenhange der gesetzlichen Bestimmungen über die Un-giltigkeit eines Privilegiums, noch zurückgekommen werden.

In dem Umstande, daß das Privilegien-Gesetz von dem Anmelder verlangt, er solle sich als den Erfinder des zu privilegirenden Gegenstandes bekennen, und daß eine Untersuchung über die Richtigkeit dieser Angabe von amtswegen nicht stattfindet, kommt zweierlei zum Ausdrucke:

1. Das Privilegialrecht ist in der Theorie dem wirklichen Erfinder **zugedacht**.

2. Als Erfinder wird aber der Anmelder **angesehen** und daher das Privilegium sammt den damit verbundenen Rechten dem Anmelder verliehen; er ist also, so lange Niemand einen näheren Anspruch zur Geltung bringt, das Subject des Privilegialrechtes.

Dieser Grundsatz, und nicht etwa die Rücksicht auf den wirklichen Erfinder ist es auch, der in § 3 Ausdruck findet, wo das Privilegien-Gesetz die Privilegirung einer aus dem Auslande eingeführten Erfindung besonderen Beschränkungen unterwirft. So weit dieselben sachlicher, gegenständlicher Natur sind, war von ihnen schon früher die Rede. § 3 sagt aber noch weiter: Auf eine aus dem Auslande eingeführte Erfindung (welche im Inlande nur dann privilegirbar ist, wenn ihre Ausübung im Auslande noch unter Patentschutz steht) kann das inländische Privilegium nur dem **Inhaber des ausländischen Privilegiums** oder dessen Rechtsnehmer zu Theil werden.

Das Gesetz kümmert sich also durchaus nicht darum, ob der Besitzer des ausländischen Patentes wirklich der Erfinder des patentirten Gegenstandes sei; es versagt einer anderen Person als dem Besitzer des ausländischen Patentes oder seinem Rechtsnehmer das Privilegium nicht deshalb, weil dieser Andere außer Stande gewesen wäre, die gleiche Erfindung zu machen. Für den Thatbestand der gesetzwidrigen Einführung wird also nicht gefordert, daß die im Inlande privilegirte Erfindung im Auslande von einem Anderen gemacht wurde, sondern daß im Auslande einem Anderen ein Patent darauf verliehen wurde, welches für ihn oder für seinen Rechtsnehmer noch in Kraft steht. Ob dieses ausländische Patent vielleicht darum nicht rechtsgiltig ertheilt worden sei, weil sein Inhaber weder der Erfinder, noch des Erfinders Rechtsnachfolger ist, das muß lediglich nach dem betreffenden ausländischen Patentgesetze, und zwar von den competenten ausländischen Behörden beurtheilt und entschieden werden. So lange nicht der Beweis vorliegt, daß das ausländische Patent auf diesem Wege annullirt worden sei, muß es von der inländischen Privilegien-Behörde als rechtsgiltig anerkannt werden. Sollte es jedoch annullirt worden sein, so ist für das Inland nicht etwa der einzelne Grund der erkannten Nullität, z. B. daß nach Ansicht der ausländischen Behörde die fragliche Erfindung nicht von der patentirten Person gemacht wurde, sondern nur das Resultat, die Nullität des Patentes erwiesen — und dies genügt.

Was über § 3 sonst noch zu bemerken wäre, gehört im Zusammenhange mit den gesetzlichen Nullitätsgründen, zur Lehre von den formellen Rechtsgrundsätzen unseres Privilegien-Gesetzes.

Dem Gesagten zufolge wird der Privilegiums-Anmelder, bezw. der Privilegirte, vom Privilegien-Gesetze als der Erfinder des ihm privilegirten Gegenstandes betrachtet. Diese gesetzliche Annahme ist jedoch nicht unumstößlich. Sie kann angefochten und widerlegt werden, und die Widerlegung muß auch ihre Consequenzen haben. Dieselben lassen den Gegenstand des Privilegiums unberührt, aber sie setzen an die Stelle des ursprünglich privilegirten Subjectes, des Anmelders, kraft autoritativen Spruches ein anderes Subject, den Erfinder.

Wenn *A* behauptet, *B* sei im Besitze eines Privilegiums, dessen Gegenstand nicht von *B*, sondern von jemand Anderem, etwa von *A* selbst, erfunden worden sei, so steht die Entscheidung hierüber nicht der Privilegien-Behörde, sondern dem Civilgerichte zu. Das Privilegien-Gesetz (§ 46) sagt: „Wenn es um die Entscheidung über das Eigenthum eines Privilegiums zu thun ist, dasselbe möge wegen der Priorität der Erfindung oder aus einem privatrechtlichen Titel streitig sein, so ist darüber vom Civilgerichte zu verhandeln und zu erkennen."

Es ist hier nicht der richtige Ort, um bei dem Worte „Eigenthum" zu verweilen; davon wird später die Rede sein. Hier soll nur vorläufig bemerkt werden, daß — was ein- für allemal festzuhalten ist — unter dem Eigenthum an einem Privilegium nichts Anderes verstanden werden kann als die „Zugehörigkeit" der Privilegialrechte an eine bestimmte Person, eine Zugehörigkeit, hinsichtlich deren das Privilegien-Gesetz ausspricht, daß die Civilgerichte die Competenz zur Entscheidung gerade so besitzen sollen, als ob es sich hiebei um einen Streit über Ansprüche handeln würde, die auf einem privatrechtlichen Titel beruhen.

Demnach ist die Priorität der Erfindung zwar kein privatrechtlicher, aber doch immerhin ein Titel zur Erwerbung der Zugehörigkeit der Privilegialrechte für den Erfinder. Auf privatrechtliche Titel (z. B. Cession, Erbrecht) kann natürlich auch der Nichterfinder seine Ansprüche auf Zugehörigkeit (Eigenthum) des Privilegiums stützen; gegenüber einem angeblichen Erfinder jedoch genügt dem wirklichen Erfinder zur Geltendmachung des Anspruches auf Zuerkennung der Privilegialrechte dem Privilegien-Gesetze zufolge der Beweis, daß er die Erfindung früher gemacht habe als der Privilegirte. Als Erfinder bedarf er eben, dem Privilegien-Gesetze zufolge, vor dem Civilgerichte keines privatrechtlichen Titels hiezu.

Die Priorität der Erfindung ist selbstverständlich etwas ganz Anderes als die Priorität des Privilegiums. Der Streit um die letztere wäre ein gewöhnlicher Nullitätsstreit, der vor die Privilegienbehörde gehört; der Streit um die Priorität der Erfindung hingegen ist, falls kein strafrechtlicher Umstand dazwischen tritt, dem Civilgerichte zugewiesen. Sollte sich jedoch Jemand die Urheberschaft einer Erfindung auf unerlaubte Weise angemaßt haben, um ein Privilegium zu erlangen, so ist diese Handlung, sofern er sich hiedurch eines Betruges oder einer anderen strafbaren Handlung schuldig gemacht hat, zufolge § 50 Priv.-Ges. nach den Strafgesetzen zu beurtheilen.

Worin bestehen nun die Consequenzen einer gerichtlichen Entscheidung, mittelst welcher der Klage eines Erfinders auf Zuerkennung des Eigenthumes an dem einer anderen Person ertheilten Privilegium stattgegeben wird? Es versteht sich von selbst, daß das angemaßte Recht des ursprünglich Privilegirten an Denjenigen übergehen muß, der bewiesen hat, daß ihm die Priorität der Erfindung zukomme. Das Privilegium geht also an den über, der nunmehr als der Berechtigte erkannt wurde. Dieser Uebergang vollzieht sich aber nicht auf Grund der für die Verleihung oder Uebertragung des Rechtes geltenden privilegialrechtlichen Normen, kraft deren ein

Privilegium nur dem Anmelder ertheilt werden darf, während mittelst der Cession Niemand ein Recht übertragen kann, das er selbst nicht besitzt. Der Wechsel des Rechtssubjectes infolge richterlichen Erkenntnisses über die Priorität der Erfindung erscheint lediglich als die nothwendige Vollstreckung eines Urtheils, zu dessen Fällung dem Civilgerichte die Competenz durch das Privilegien-Gesetz eingeräumt wurde. Erforderlichenfalls geschieht diese Vollstreckung im Executionswege, und der Privilegien-Behörde erübrigt nichts Anderes, als einen diesbezüglichen gerichtlichen Act geradeso zur Kenntnis zu nehmen und zu registriren, wie eine ihr notificirte gerichtliche Einantwortung des Privilegiums infolge privatrechtlicher Forderungen.

Im gewöhnlichen Rechtswege kann jedes Privilegium an ein anderes Rechtssubject übergehen, worunter aber hier nur der Träger des Gesammtrechtes, d. h. Derjenige zu verstehen ist, dem das Privilegium selbst zugehört und dessen Name aus der Privilegiums-Urkunde ersichtlich sein muß. Theilweise Uebertragungen von Privilegialrechten mit Vorbehalt des sogenannten Eigenthums (Ausübungslicenzen) werden bei Besprechung des Inhaltes der Privilegialrechte Erwähnung finden. Das Privilegien-Gesetz (VI. Abschnitt) spricht allerdings nur von Uebertragungen im engeren Sinne, nämlich von der vertragsmäßigen Cession und von der Uebertragung für den Todesfall, worunter auch die letztwilligen Anordnungen zu verstehen sind. Es unterliegt aber weder theoretisch, noch praktisch einem Zweifel, daß die Subjecte des Privilegialrechts auf jede Art geradeso wechseln können, wie die Subjecte eines anderen Vermögensrechtes, also nicht blos durch Cession und letztwillige Anordnung, sondern auch im Wege der Intestaterbfolge und der gerichtlichen Execution. Ebenso unbestreitbar ist es, daß auch die durch die bloße Anmeldung einer Erfindung zur Privilegirung begründeten gesetzlichen Ansprüche des Anmelders auf die Ertheilung des Privilegiums auf jede gemeinrechtliche Art an andere Personen übergehen können, obwohl das Privilegien-Gesetz weder von der Uebertragung noch von sonstigem Uebergang des aus der Anmeldung entspringenden Rechtes irgendwo Erwähnung macht.

Im deutschen Patent-Gesetze (§ 6) ist des Anspruches auf Ertheilung des Patentes ausdrücklich gedacht und derselbe, sowie das Recht aus dem Patente als vererblich erklärt. Sodann wird beigefügt, daß jener Anspruch und dieses Recht beschränkt oder unbeschränkt durch Vertrag oder durch Verfügung von Todeswegen auf Andere übertragen werden können. Auch hier ist von der Uebertragung durch richterliches Urtheil, bezw. durch Zwangsvollstreckung nicht die Rede. Gleichwohl besteht auch in Deutschland keine Meinungsverschiedenheit darüber, daß der Uebergang des Rechtes von einem Subjecte auf das andere in solcher Weise stattfinden kann.

Es ist allerdings nicht nothwendig, daß das Privilegien-Gesetz alle Erfordernisse des bürgerlichen Rechtes für Handlungen, die ohnehin unter das allgemeine bürgerliche Recht fallen, recapitulire. Sonst müßte ja das Privilegien-Gesetz z. B. auch die vermögensrechtliche Dispositionsfähigkeit Desjenigen statuiren, der um ein Privilegium ansucht und ein solches originär oder im Wege der Rechtsnachfolge erwerben will. Specialgesetze sollen in Rechtssachen ausdrückliche Normen nur für solche Punkte geben, wo nach der Natur des Gegenstandes das gemeine Recht entweder nicht ansreicht oder nicht anwendbar ist.

III. Rechtsverhältnis.

1. Inhalt der Privilegial-Befugnisse.

Das Privilegium schützt den Privilegirten in dem „ausschließlichen Gebrauch" seiner Erfindung „für die Anzahl von Jahren, auf welche sein Privilegium lautet". (§ 21.)

Es gibt ihm ferners das Recht, seine Erfindung industriell und commerciell im ganzen Reiche persönlich, sowie in Gesellschaft mit Anderen oder durch Andere mit Beachtung der bestehenden Gesetze, sowie etwaiger Gerechtsame anderer Personen auszuüben, mit dem Privilegium selbst zu disponiren, es zu vererben, zu verkaufen, zu verpachten oder sonst nach Belieben zu verändern, und auch im Auslande auf den nämlichen Gegenstand ein Privilegium zu nehmen. (§ 22.)

Diesen Bestimmungen zufolge enthält das durch ein Privilegium verliehene Recht vier Hauptmomente:

a) den Gebrauch;
b) die Ausübung;
c) die Ausnützung;

d) die freie vermögensrechtliche Disposition überhaupt: alles dies „für die Anzahl Jahre, auf welche das Privilegium lautet".

Von dieser letzterwähnten Clausel, die an und für sich etwas Selbstverständliches ist, wird später — bei den Zeitbestimmungen des Privilegien-Rechtes — die Rede sein.

Ad a. Von einem Rechte „Gebrauch machen" heißt im Allgemeinen so viel, als dasselbe nach was immer für einer Richtung hin ausüben und zur Geltung bringen. Da aber das Gesetz dem in § 21 enthaltenen Gebrauchsrechte in dem folgenden Paragraph specielle Arten des Gebrauches gegenübergestellt, so kann das Wort „Gebrauch" des § 21 nicht blos in eben demselben Sinne aufgefasst werden, der in den Bestimmungen des nächsten Paragraphen seine Erläuterung finden soll, sondern es muß jene besondere Art des Gebrauches verstanden werden, welche mit der Benützung eines Gegenstandes, eines Erzeugungsverfahrens, eines Arbeitsbehelfes identisch ist.

Das Privilegien-Gesetz gibt dem Erfinder das **ausschließliche** Gebrauchsrecht, wonach er befugt ist, jedem Anderen den Gebrauch der Erfindung zu verbieten. Und indem das Gesetz erklärt, den Privilegirten in dem ausschließlichen Gebrauche seiner Erfindung zu schützen, macht es nicht den geringsten Unterschied hinsichtlich des Zweckes dieses Gebrauches. Demnach erschiene es ganz gleichgiltig, ob eine andere Person die geschützte Erfindung zum Betriebe ihres Gewerbes oder zu persönlichen, häuslichen Zwecken gebrauchen will, wie z. B. eine Waschmaschine, ein Werkzeug u. dergl., oder ob sie aus dem Verkaufe des Erfindungsgegenstandes selbst ein Gewerbe macht.

Wenn jedoch das unterschiedlose Gebrauchsrecht des Privilegirten wirklich geschützt sein soll, dann muß ihm dem Rechtsverletzer gegenüber eine **Strafsanction** zur Seite stehen. Dies ist nun merkwürdiger Weise nicht im vollen Umfange des durch § 21 gewährten Rechtes der Fall. Denn § 38, welcher von den Privilegien-Verletzungen (Eingriffen) handelt, erklärt wohl das unbefugte Nachmachen oder Nachahmen des Privilegiums-Gegenstandes zu was immer für einem Zwecke als Eingriff (lit. *a*), fügt aber (lit. *b*) hinzu, daß die Einfuhr eines nachgemachten oder nachgeahmten Privilegiums-Gegenstandes aus dem Auslande nur dann eine Rechtsverletzung sei, wenn sie zum Zwecke eines gewerbsmäßigen Verschleißes geschieht. Desgleichen soll auch die Einfuhr eines solchen Gegenstandes aus dem Auslande zur Aufbewahrung oder Ausstellung für Verschleißzwecke nur dann als Privilegien-Eingriff gelten, wenn der Verschleiß, behufs dessen die Einfuhr stattfindet, ein gewerbsmäßiger ist. Lit c endlich erklärt es als Eingriff, wenn Jemand ohne Zustimmung des Privilegirten den Verschleiß solcher Gegenstände, oder die Aufbewahrung oder Ausstellung derselben zum Verschleiße besorgt oder übernimmt. Im Zusammenhange mit lit b dieses Paragraphes kann kein Zweifel obwalten, daß auch in lit. c nur der gewerbsmäßige Verschleiß gemeint ist, da jede ratio legis dafür fehlt, anzunehmen, daß in lit. c eine andere Art von Verschleiß gemeint sei, als eben jene, von welcher in lit. b die Rede ist.

Demzufolge kann trotz § 21 Niemand gehindert werden, nachgemachte oder nachgeahmte Privilegien-Objecte zum häuslichen oder geschäftlichen Gebrauche zu benützen, wenn nur er selbst nicht der Nachmacher oder Nachahmer ist. Ebensowenig kann Jemand gehindert werden, derlei Objecte lediglich zum Zwecke der Weiterveräußerung zu importiren oder, falls sie inländischen Ursprungs wären, an sich zu bringen und weiter zu geben, vorausgesetzt, daß dies nicht in der Form gewerbsmäßigen Verschleißes geschieht. — Wo bleibt da nun aber das „ausschließliche Gebrauchsrecht" des Privilegirten? Im Gesetze vom Jahre 1832, welches sich klugerweise jeder Eingriffsdefinition enthielt, war jenem Rechte ein vollständiger Schutz gesichert; unser jetziges Gesetz definirt den Eingriff, hat aber damit Unglück gehabt. Vergebens sucht man nach Erklärungsgründen; man muß zugestehen, daß der Ausdruck „ausschließender Gebrauch" in § 21 zu weit gefasst ist, und daß darunter nur jener Gebrauch verstanden werden kann, dessen Mißachtung laut § 38 eine Verletzung des Privilegialrechtes in sich schließt. Aus diesem Grunde mußte auf die Definition des Eingriffes schon hier Bezug genommen werden; was aber die Geltendmachung des Rechtes gegenüber Eingriffen betrifft, so gehört die Erörterung derselben in den formellen Theil der Rechtsgrundsätze.

Ad b. Der Privilegirte darf Alles thun, was zur vollständigen **Ausübung** des Gegenstandes seines Privilegiums nöthig ist. Die Ausübung wird also hier (§ 22) — wenn man nicht den ganzen § 22 in Beziehung auf § 21 als Tautologie betrachten will — dem Gebrauche (im engeren Sinne) **gegenübergestellt**.

Aber was versteht das Gesetz unter der Ansübung? Es spricht an verschiedenen Stellen von der Ansübung: im § 1 von der neuheitschädlichen, im § 3 von der ausländischen mit Bezug auf eine importirte Erfindung, und es wurde bereits bemerkt, daß diese beiden Arten von Ansübung keineswegs identisch sind; § 22 beschäftigt sich mit der Ansübung als Recht, § 29, 2 a mit derselben als Pflicht, § 38 mit der unerlaubten Ausübung eines Privilegien-Gegenstandes — und man darf sagen: „Quot verba, tot sensus." Ja, was die pflichtmäßige Ausübung anbelangt, so bezieht sich der erwähnte § 29 in zwei aufeinanderfolgenden Zeilen auf zwei ganz verschiedene Ausübungsarten. Allein mit einziger Ausnahme jener unerlaubten Ausübung, die als Privilegiums-Verletzung zu betrachten ist, gibt das Gesetz **nirgends** eine Definition dessen, was man an der betreffenden Stelle unter Ansübung zu verstehen habe, und auch § 22 enthält nur weitläufige Umschreibungen des Begriffes von der Ansübung des Privilegialrechtes, aber keine Definition. Die Verschiedenheiten des Ansübungsbegriffes bestehen jedoch thatsächlich, und es bleibt somit überall dort, wo die gesetzliche Definition fehlt, der wissenschaftlichen Auslegung und dem Ermessen der einen concreten Fall entscheidenden Behörde überlassen, festzustellen, was in dem einen und dem anderen Falle unter Ansübung verstanden werden muß. In Hinblick auf § 22 dürfte es zweckmäßig sein, den Satz aufzustellen: „das einfache Ausübungsrecht muß in der Befugnis liegen, Alles das zu thun, was das Gesetz an einem anderen Orte (§ 29) dem Privilegirten als **Ausübungspflicht** auferlegt.

Ad c. Wenn die Ausübung des Privilegialrechtes die Grenzen der **Nothwendigkeit** überschreitet, dann kann man sagen, die Ausübung gehe in **Ausnützung** über. Demnach bestünde die Ausnützung, um mit den Worten des § 22 zu reden, in der vollständigen Ausübung des Gegenstandes des Privilegiums in der **beliebigen weitesten Ausdehnung**. Frägt man aber nach einem

Grunde, der die Auseinanderhaltung von Ausübung und Ausnützung zu rechtfertigen vermag, so sei darauf hingewiesen, daß der Privilegirte, bei sonstigem Verluste seines Privilegiums, **verpflichtet ist, dasselbe zur „Ausübung"** zu bringen, in dieser Hinsicht also von seinem Rechte Gebrauch zu machen; daß es ihm aber vollkommen **freisteht, sich seines Rechtes nur innerhalb der Grenzen der Ausübungspflicht zu bedienen und die einfache Ausübung nach keiner Richtung hin zur Ausnützung zu erweitern.** Demnach würde allenfalls die Vermehrung der Arbeiterzahl, die Errichtung von Filial-Etablissements und Verkaufsniederlagen, die Ertheilung von Ausübungslicenzen an mehrere Personen, die Errichtung von Fabriks- und Handelsgesellschaften u. s. w. in jenen Umfang der Ausübung fallen, der — nach den Worten des Gesetzes — im Belieben des Privilegirten steht, also dem von uns festgehaltenen Begriffe der „Ausnützung" entspricht.

Wenn § 22 sagt, der Privilegirte könne Andere ermächtigen, seine Erfindung unter dem Schutze seines Privilegiums auszuüben, so ist damit das gemeint, was man nach deutschem Patentrechte unter Licenzertheilung versteht; ob aber das Licenzgeben in Oesterreich zu den **nothwendigen** Acten der Ausübung des Privilegialrechtes oder zur umfassenderen Ausnützung gehöre, das hängt von den Umständen ab. Ist der Privilegirte **selbst nicht gewillt** oder nicht in der Lage, sein Privilegium auszuüben, so muß er, falls er das Privilegium nicht erlöschen lassen will, einen Anderen zur Ausübung ermächtigen. Aber es ist zur pflichtgemäßen Ausübung des Privilegiums in solchem Falle nicht nothwendig, gleichzeitig mehrere Licenzen zu ertheilen.

Id d. Daß zur freien vermögensrechtlichen Disposition über ein Privilegium, bezw. über den Gegenstand desselben, neben dem Rechte der Vererbung und beliebigen Veräußerung, der Verpfändung u. s. w. auch die Licenzertheilung zu zählen ist, versteht sich von selbst, obwohl dem österreichischen Gesetze das Wort „Licenz" fremd ist. Es berechtigt — wie schon bemerkt — den Privilegirten, Andere zur Ausübung seines Privilegiums zu ermächtigen, bezw. sein Privilegium auch zu „verpachten". Ein Pachtstück im Sinne des gewöhnlichen Sprachgebrauches, ein Pachthof, eine Wiese u. dergl., ist das Privilegialrecht allerdings nicht. Gleichwohl ist man durch die Bestimmungen des allgem. bürgerl. Gesetzbuches über die Bestandverträge vollkommen berechtigt, von der Verpachtung eines Privilegiums zu reden, und man erkennt, daß auch unter dem Verpachten des Privilegiums nichts Anderes zu verstehen ist als das Licenzgeben; denn „der Vertrag, wodurch Jemand den Gebrauch einer unverbrauchbaren Sache (also z. B. den Gebrauch eines Privilegialrechtes) auf eine gewisse Zeit und gegen einen bestimmten Preis erhält, heißt überhaupt Bestandvertrag". (§ 1090.) Und weiter (§ 1091): „Der Bestandvertrag wird, wenn sich die in Bestand gegebene Sache ohne weitere Bearbeitung gebrauchen läßt, ein **Miethvertrag**, wenn sie aber **nur durch Fleiß und Mühe** benützt werden kann, ein **Pachtvertrag** genannt. Daß nun jene Benützung eines Privilegiums, welche in der Herstellung oder im Verschleiße des Privilegiums-Gegenstandes liegt, Arbeit und Mühe erfordere, bedarf keiner Auseinandersetzung. Ueberläßt also der Privilegirte diese Benützung einem Anderen auf gewisse Zeit und um bestimmten Preis, so liegt eben der Fall einer Verpachtung des Privilegiums vor. Natürlich steht es dem Privilegirten auch frei, nicht sein Privilegialrecht, sondern allenfalls ein Fabriks-Etablissement u. dergl., kurz, ein zur Ausübung des Privilegiums dienendes Bestandstück zu verpachten. Diese Verpachtung ist jedoch kein Theil und Ausfluß des Privilegialrechtes, sondern des Privatrechtes auf die betreffenden Grundstücke, welche zufällig einem Privilegirten gehören.

Das Gesetz ist bei Aufzählung der Privilegialrechte nicht wortkarg, es geht in die verschiedensten Einzelnheiten des Rechtes, über das Privilegium zu disponiren, ein; aber es enthält sich in nicht mißzuverstehender Weise der einfachen Bezeichnung „**Eigenthum**". An dieser für Definition und Inhalt des Privilegialrechtes in seiner Totalität maßgebenden Stelle (§§ 21, 22) fehlt der Capitalsatz: „Das Privilegium gibt dem Privilegirten das Recht des Eigenthums an seiner Erfindung."

Aber an ein paar **anderen** Stellen spricht das Gesetz allerdings vom „Eigenthum an einem Privilegium". Nach § 29, 1 a, cc. erscheint der „Eigenthümer eines in Kraft bestehenden Privilegiums" legitimirt, um wider ein mit dem seinigen identisches jüngeres Privilegium als Nullitätskläger aufzutreten; und laut § 46 steht (wie schon früher — im Abschnitt von den Subjecten des Privilegialrechtes — erwähnt wurde) die Entscheidung über das „Eigenthum eines Privilegiums", möge dasselbe wegen Priorität der Erfindung oder aus einem privatrechtlichen Titel streitig sein, den Civilgerichten zu. Da muß man doch vor Allem fragen, in welchem Paragraphe des Privilegien-Gesetzes die Erklärung enthalten sei, daß das Recht des Privilegirten an seinem Privilegium das Eigenthum ist. Es gibt keinen solchen Paragraph im Privilegien-Gesetze.

Was bedeutet aber dann das Wort „Eigenthum" in den citirten Paragraphen des Privilegien-Gesetzes? Zweifellos nicht das subjective Recht des Eigenthümers, sondern nur jenes „Eigenthum im objectiven Sinne", von welchem im § 353 allgem. bürgerl. Gesetzbuch die Rede ist, und welches nichts Anderes heißt, als Zugehörigkeit, indem dieser Paragraph ganz populär sagt: Alles, was Jemandem zugehört, alle seine körperlichen und unkörperlichen Sachen heißen sein Eigenthum."

Mehr brauchen wir zu unserer Beruhigung nicht zu erfahren. Der Privilegirte wird vom Privilegien-Gesetze also darum Eigenthümer seines Privilegiums genannt, weil das Privilegium ihm gehört; die Frage nach dem Inhalte des zugehörigen Rechtes ist eine ganz abgesonderte Sache, und das allgem. bürgerl. Gesetzbuch beeilt sich, der Definition des Eigenthums im objectiven Sinne die des subjectiven Eigenthumsrechtes auf dem Fuße folgen zu lassen (§ 354), eines Rechtes, in dessen Definition Niemand den Inhalt des Privilegialrechtes erkennen wird.

Was nun das Recht der freien Disposition des Privilegirten über sein Privilegium, bezw. über den Gegenstand desselben anbelangt, so bietet nur die Uebertragung des Privilegialrechtes an Andere hier noch Anlaß zu besonderen Bemerkungen.

Da das österreichische Privilegialrecht kein Eigenthumsrecht ist, so kann in Betreff des Privilegialrechtes auch von keiner Eigenthumsübertragung gesprochen werden, und wenn also das Gesetz in § 22 dem Privilegirten unter Anderem auch das Recht zuspricht, sein Privilegium zu „verkaufen", so kann dieses Wort bei dem Umstande, als der Kauf zu den Erwerbungsarten des

Eigenthums gehört, nur in einem uneigentlichen, nicht streng juristischen Sinne zu verstehen sein. Es bleibt indes immerhin bedauerlich, daß das Privilegien-Gesetz sich nicht immer und insbesondere nicht hinsichtlich der dem Privilegirten zustehenden Rechte auf seine Erfindung einer streng juristischen, jede falsche Deutung und jede Nebenbedeutung ausschließenden Sprache bedient. Es hat hiedurch auch seinerseits zu einer ganz unnöthigen Verwirrung der Rechtsbegriffe in Privilegien-Angelegenheiten beigetragen.

Die wahre Form der Privilegien-Uebertragung ist zweifellos die Cession nach den Grundsätzen des Civilrechtes. Wenn aber Parteien eine Privileginms-Uebertragung zur behördlichen Kenntnis bringen, so bekommt man in den Vertragsinstrumenten sehr oft die Erklärung zu lesen: A übertrage hiemit sein Privilegium oder alle seine Privilegialrechte „in das volle und unbeschränkte Eigenthum" des B. Ein Schade wird durch derartige incorrecte Erklärungen freilich nicht angerichtet, denn A kann nichts Anderes übertragen, als was er selbst hat.

Der Uebertragbarkeit des Privilegiums ist übrigens eine Schranke gezogen, die aus dem Privilegien-Gesetze nicht zu entnehmen, sondern nur aus dem Wesen der Rechtseinheit zu erkennen ist. Die Zugehörigkeit des Privilegiums läßt keine Theilung und daher auch keine theilweise Uebertragung nach territorialen Grenzen zu. Niemand kann sein Privilegium z. B. für das österreichische Staatsgebiet an den A, für das ungarische an den B übertragen, oder innerhalb Oesterreichs für Niederösterreich an den A, für Böhmen an den B. Insoferne es sich hiebei um das Verhältnis zur anderen Reichshälfte handelt, gehört der Gegenstand in den Zusammenhang aller jener Modificationen unseres Privilegien-Gesetzes, welche sich aus dem österreichisch-ungarischen Zoll- und Handelsbündnisse ergeben. Zu diesen Modificationen muß auch die Ausstellung eigener Privilegien-Urkunden für das Ländergebiet der Stephanskrone gezählt werden; und bei dem Vorhandensein zweier, für besondere Territorien bestimmter Urkunden über ein und dasselbe Privilegialrecht liegt der Gedanke nahe, daß es zulässig sein müsse, das Recht, soweit es durch die für Ungarn ausgestellte Urkunde documentirt ist, an die eine Person, so weit es aber durch die österreichische Urkunde documentirt erscheint, an eine andere Person zu cediren. Allein das Princip der territorialen Untheilbarkeit des Privilegialrechtes ist ein absolutes. Es kann also das Privilegium immerhin ideell unter verschiedene und beliebig viele Personen aufgetheilt, aber es kann die Zugehörigkeit des Privilegiums unter keiner Bedingung nach Ländern und Landestheilen parcellirt werden.

Ganz anders steht es um die Uebertragung einzelner Befugnisse, welche mit dem Privilegium verbunden sind, wobei aber der Cedent die Zugehörigkeit des Gesammtprivilegiums für sich behält, also in Wirklichkeit nicht das Privilegium, sondern lediglich ein Recht, das sich von der Zugehörigkeit trennen und abgesondert ausüben läßt, überträgt. Die territoriale Theilung solcher Ausübungsrechte unterliegt durchaus keiner Beschränkung. Von derartigen Uebertragungen ist übrigens in § 35 gar nicht die Rede; den Ausdruck „Uebertragung" gebraucht das Privilegien-Gesetz nur in Beziehung auf das „Privilegium" selbst, dessen Besitz durch die Privilegiums-Urkunde documentirt wird. Deshalb verlangt § 36, daß jede Uebertragung auf der Privilegiums-Urkunde ersichtlich gemacht werde, was bei bloßen Ausübungsbewilligungen nicht der Fall ist. Inwiefern übrigens eine nach Privilegienrecht unzulässige Privilegiums-Uebertragung civilrechtliche Wirkungen haben könne, ist eben nach den Normen des Civilrechtes zu beurtheilen.

Im Uebrigen kann die Uebertragung eines Privilegiums — wie jede andere Cession — auch nach dem Privilegien-Gesetze unter Beschränkungen und Bedingungen erfolgen, also auch mit der Beschränkung auf eine bestimmte Zeit. Es geht nicht an, die Zeitbeschränkungen einer Privilegiums-Cession nur unter jenen Formen zuzulassen, welche das allgem. bürgerl. Gesetzbuch als besondere Arten des Kaufvertrages bezeichnet (Vorverkauf, Verkauf auf Probe, Verkauf mit Vorbehalt eines besseren Käufers, Verkaufsauftrag). Bei jeder Cession muß es den Parteien freistehen, ihr Geschäft nach den civilrechtlichen Bestimmungen über die Cession zu ordnen; und das Privilegien-Gesetz hat seinerseits nichts dagegen.

* * *

Die Ausübung jedes Privilegialrechtes ist, wie § 22 ausdrücklich bemerkt, an die Beachtung der bestehenden Gesetze und der Gerechtsame anderer Personen gebunden. Es ist diese Vorschrift in gewisser Hinsicht nur eine Wiederholung des schon in § 19 ausgesprochenen Principes, daß die Ausübung eines Privilegiums von allen gesetzlichen Anordnungen und Vorschriften abhängig bleibt, die in öffentlichen Gesundheits-, Sicherheits- oder Sittlichkeits-Rücksichten, oder im allgemeinen Staatsinteresse bestehen oder erlassen werden, und daß das Privilegium eine Ausnahme von solchen Normen zu Gunsten des Privilegirten nicht zu begründen vermag. Während aber § 19 diesen Grundsatz — wie aus der Textirung zu entnehmen ist — nur in Hinblick auf die in § 2 enthaltenen Verbote der Privilegiumsertheilung ausspricht, wendet § 22 den gleichen Grundsatz auf alle bestehenden Gesetze an. Was die bei der Ausübung eines Privilegiums zu beobachtenden fremden „Gerechtsamen" anbelangt, so liegt darin ein unverkennbarer Hinweis auf jene Bestimmungen der Gewerbeordnung, kraft deren die Befugnisse der Gewerbetreibenden auf die gesetzlichen Schranken ihres Gewerbes eingeengt sind. Ein Privilegium gewährt durch sich selbst keineswegs die Erlaubnis, diese Schranken zu überschreiten, und wer immer seinen Privilegiums-Gegenstand in gewerbemäßiger Form ausüben will, muß dieses nach den hiefür gegebenen gewerberechtlichen Vorschriften thun.

2. Beginn des Privilegialrechtes.

Jedes Privilegium beginnt von dem Tage der Ausfertigung der Privilegiums-Urkunde und nicht etwa erst von dem Tage seiner Kundmachung. Laut § 26 soll die Kundmachung in jener Art und mit jenem Zeitpunkte der Wirksamkeit stattfinden, wie es für Gesetze überhaupt vorgeschrieben ist, d. h. jede einzelne Privilegiums-Verleihung soll durch das Reichsgesetzblatt publicirt werden und demzufolge erst nach 30. resp. 45 Tagen von der Kundmachung an in Wirksamkeit treten (Gesetz vom 4. März 1849, R.-G.-Bl. ex 1850). Thatsächlich publicirte das Reichsgesetzblatt von 1849 und 1850 die Privilegien-Ertheilungen. Dann aber hören diese Kundmachungen auf, und im Jahre 1852 ist trotz des neuen Privilegien-Gesetzes keine einzige Privilegiums-Ertheilung durch das Reichsgesetzblatt publicirt worden. Bereits mittelst des kaiserlichen Patentes vom 27. December 1852 (R.-G.-Bl. Nr. 260) erhielt es von dieser Bestimmung sein Abkommen, was schon im Hinblick auf die eingetretene Vermehrung der Privilegiums-Ertheilungen vollkommen begreiflich ist. Die maßgebende amtliche Publication erfolgt dermalen durch das Amtsblatt der „Wiener Zeitung", und irgend eine Frist für den Beginn der Wirksamkeit des kundgemachten Privilegiums gibt es demzufolge nicht mehr. Durch die Publication wird jedoch ein Privilegium nur zur öffentlichen Kenntnis gebracht, und an die Publication schließen sich daher nur solche Wirkungen des Privilegiums an, welche von dem Bekanntsein der Ertheilung abhängen. Jene Wirkungen hingegen, die schon der bloße Bestand des Privilegiums mit sich bringt, treten mit dem Tage der Ertheilung ein. Es verdient daher besondere Erwähnung, daß auch ein noch nicht kundgemachtes, aber bereits ertheiltes, d. h. urkundlich ausgefertigtes Privilegium Gegenstand von Eingriffen sein kann, selbst wenn die Urkunde dem Privilegirten noch gar nicht eingehändigt worden wäre und somit er selbst von der erfolgten Verleihung noch nichts wissen sollte. Denn unser Gesetz unterscheidet zwar zwischen den Eingriffen in offene und Eingriffen in geheime Privilegien, aber diese Unterscheidung hat mit dem Beginne der Wirksamkeit des Privilegiums nichts zu thun, und einen Unterschied zwischen wissentlichen und unwissentlichen Eingriffen macht das Gesetz nicht; es genügt also zum Eingriffe die Thatsache, daß eine vom Gesetze als Eingriff bezeichnete Handlung zu einer Zeit begangen wurde, welche jünger ist als das Datum der Privilegiums-Urkunde; zu einer Zeit, wo bereits Jedermann aus dem Privilegien-Register ersehen kann, daß das Privilegium ertheilt worden, und ob die Beschreibung offen oder geheim ist.

Mit dem Ausstellungstage der Privilegiums-Urkunde tritt auch das sogenannte Prioritätsrecht in Wirksamkeit, zu dessen Erläuterung Folgendes bemerkt werden muß:

Wenn die Behörde, bei der ein Gesuch um Privilegiums-Ertheilung eingebracht wurde, dasselbe den Vorschriften entsprechend findet (§ 13), so stellt sie Demjenigen, der die Eingabe überreicht, hierüber einen Empfangschein, ein Certificat aus, mit Angabe von Tag und Stunde der Ueberreichung. Wenn nun diese Eingabe zur Ertheilung des Privilegiums führt und Jemand das ertheilte Privilegium aus dem Grunde als ungiltig anfechten wollte, weil die Erfindung nicht neu ist, indem sie — entgegen der Neuheitsdefinition des § 1 — schon früher im Inlande bekannt war, so bleibt eine solche Anfechtung des Privilegiums wirkungslos, sofern sich herausstellt, daß der Grund der Nichtneuheit erst nach dem Zeitpunkte eingetreten sei, an welchem die ordnungmäßige Ueberreichung des den gesetzlichen Vorschriften entsprechenden Privilegiums-Gesuches die behördliche Bestätigung erlangt hat. Der Privilegiumswerber erhielt demnach mit dem erwähnten Certificate die Beruhigung, seine Erfindung gegenüber einer gleichartigen, aber später bekannt gewordenen Erfindung im Falle eines aus dem Titel der Nichtneuheit erhobenen Nullitätsstreites gesichert zu wissen: seiner Erfindung ist die Priorität des Privilegiums zuerkannt worden. Dieses mit der ordnungsmäßigen Anmeldung des Privilegiumswerbers verbundene Vorrecht heißt das Prioritätsrecht.

Dasselbe kann jedoch erst nach Ertheilung des Privilegiums zu praktischer Geltung gelangen, weil sich erst bei der Ertheilung entscheiden läßt, ob das Gesuch, über welches dem Bewerber das Prioritäts-Certificat ausgestellt wurde, thatsächlich von der verleihenden Behörde als ein den gesetzlichen Anforderungen entsprechendes angesehen werden kann. Ueber diese Frage konnte sich die Behörde, bei der es überreicht wurde, gar leicht im Irrthum befinden, zumal sie es nach ganz anderen Richtungen hin zu beurtheilen hatte als die Verleihungsbehörde, das Handelsministerium, welches allein berechtigt ist, die dem Privilegium als Grundlage dienende versiegelte Beschreibung der Erfindung zu öffnen. (Vergl. die §§ 13, 15, 16.) Es ereignet sich sehr oft der Fall, daß das Handelsministerium Aenderungen der Beschreibung fordert und daß infolge der vorgenommenen Aenderungen die ursprüngliche Priorität nicht mehr aufrecht erhalten werden kann und auf den Zeitpunkt, in welchem die Beschreibung verbessert wurde, verlegt wird. Dann war das erste Einschreiten des Privilegiumswerbers kein ordnungsmäßiges, kein solches, welches auf Grund der damals überreichten Beschreibung zur Ertheilung des Privilegiums führte; mit einer Beschreibung aber, die das Wesen der Erfindung nicht so darstellt, wie es aus der zur Grundlage der wirklichen Privilegiums-Ertheilung gemachten Beschreibung zu erkennen ist, läßt sich das Prioritätsrecht im Sinne des § 13 nicht verknüpfen.

So lange also die Urkunde nicht ausgefertigt ist, befindet sich das Prioritätsrecht in Schwebe. Die zuerkannte Priorität wirkt allerdings auf die ganze Zeit zwischen dem Datum des Prioritäts-Certificates und dem Datum der Urkunde zurück, kann aber erst nach Ertheilung des Privilegiums wirksam werden, und zwar schon darum, weil Eingriffe in ein noch nicht ertheiltes Privilegium überhaupt undenkbar sind. Die bloße Anmeldung einer Erfindung zur Privilegirung gibt dem Anmelder kein Klagerecht gegen vermeintliche Nachmacher oder Nachahmer, sowie sie ihn auch keiner Nullitätsklage aussetzt.

3. Dauer des Privilegialrechtes.

Die gesetzliche Dauer eines Privilegiums kann 15 Jahre, vom Tage der Verleihung gerechnet, nicht überschreiten. Eine Ausdehnung des Privilegialrechtes über diese Zeit hinaus ist der Allerhöchsten Bewilligung Seiner Majestät vorbehalten und darf von den Behörden nur in besonders rücksichtswürdigen Fällen beantragt werden. Thatsächlich ist seit mindestens zwei Decennien kein einziges Privilegium über die gesetzliche Maximaldauer hinaus verlängert worden. Sollte sich indessen ein solcher Fall ereignen, so wäre hinsichtlich der Modalitäten für die Bewilligung der für die Folgezeit zu entrichtenden Taxen u. s. w. im Privilegien-Gesetze kein Anhaltspunkt zu finden, und es müßte also die Feststellung derselben gleichfalls Gegenstand der besonderen Allerhöchsten Entschließung sein, mittelst welcher die weitere Fortdauer eines Privilegiums auf eine gewisse Anzahl von Jahren bewilligt wird. Ebenso ist es gänzlich dem Souverän überlassen, über die besondere Rücksichtswürdigkeit eines Falles zu entscheiden. Insoferne es aber Sache des Handelsministeriums ist, von Fall zu Fall die Sachlage zu prüfen und eventuelle Anträge zu stellen, darf bemerkt werden, daß die von Seite der Privilegirten gewöhnlich betonte Wichtigkeit ihrer Erfindung für die Industrie oder für das Gemeinwohl überhaupt nicht als triftiger Grund für die Verlängerung eines Privilegiums angesehen werden könnte. Denn je wichtiger die Erfindung für das ganze Volk oder für einzelne Kreise der Bevölkerung ist, desto näher liegt die Pflicht der Regierung, den Privilegialschutz endlich seinem Zwecke zuzuführen, d. h. das Privilegium nach Ablauf der gesetzlichen Dauer erlöschen und die Erfindung Gemeingut werden zu lassen. Etwas ganz Anderes wäre es, wenn gerade das öffentliche Interesse fordern würde, daß eine privilegirte Erfindung nicht freigegeben oder, falls die Beschreibung geheim gehalten wurde, nicht allgemein bekannt werde. Uebrigens kann immerhin auch in Privatverhältnissen ein wirklich beachtenswerther Grund für die außerordentliche Verlängerung eines Privilegiums liegen, wie z. B. wenn der Privilegirte auf die Durchführung seiner Erfindung große Kosten verwendet und doch im Laufe von 15 Jahren nicht Gelegenheit gefunden hat, das Privilegium in einer dem nothwendigen Aufwande entsprechenden Weise auszunützen, wobei es sich aber von selbst versteht, daß für die Regierung nicht die zuweilen sanguinischen Hoffnungen des Erfinders bestimmend sein können.

Wir nennen die Verlängerung eines Privilegiums über die gesetzliche Maximaldauer von 15 Jahren hinaus die außerordentliche, im Gegensatze zu jenen anderen „Verlängerungen", von denen im Privilegien-Gesetze die Rede ist, die aber nur im uneigentlichen Sinne den Namen „Verlängerung" erhalten haben, weil sie sich innerhalb der Maximaldauer bewegen und daher — wie sich bald zeigen wird — in Wirklichkeit keine Verlängerung, sondern lediglich die Aufrechthaltung des Privilegiums bedeuten. Nur die Redeweise unseres Privilegien-Gesetzes rechtfertigt es, von einer ordentlichen und außerordentlichen Verlängerung zu sprechen; nach dem Geiste des Gesetzes gibt es nur eine Art von Privilegiums-Verlängerung: die über 15 Jahre.

In Hinsicht auf die sogenannte ordentliche Verlängerung enthält das Gesetz eine Reihe von Bestimmungen, die nur in ihrem Zusammenhange die wahre Natur der ganzen Einrichtung erkennen lassen.

Laut § 9, lit c, muß schon im Gesuche um die Privilegiums-Ertheilung angegeben werden, auf wie viele

Jahre „das Privilegium zu erhalten gewünscht wird". — § 10 a verlangt, daß „die entfallende Privilegiumstaxe" mindestens gleichzeitig mit der Ueberreichung des Gesuches erlegt werde, und es ist hierunter jene Taxe zu verstehen, welche eben der Anzahl Jahre entspricht, auf die das Privilegium zu erhalten gewünscht wird. — § 11 endlich bestimmt für jedes der 15 Jahre der gesetzlichen Privilegiumsdauer die zu bezahlende Annuität und fordert in Uebereinstimmung mit § 10, daß die Taxe für die gesammte Anzahl Jahre, für welche das Privilegium angesucht wurde, auf Einmal erlegt werde. Zufolge § 21 schützt das ertheilte Privilegium den Privilegirten für die Anzahl von Jahren, auf welche es lautet; § 27 erklärt, daß Jeder, dessen Privilegium auf weniger als 15 Jahre ertheilt ist, auf die ein- oder mehrjährige Verlängerung desselben Anspruch hat, wenn er vor Eintritt der Erlöschung des Privilegiums sich in dem Verlängerungs-Gesuche über den Erlag der vollen Taxe für die angesprochene Verlängerungszeit ausweist. Wenn aber die ursprüngliche oder die nachträglich verlängerte Dauer des Privilegiums abgelaufen ist, dann tritt laut § 29, Punkt 2 b, die Erlöschung ein.

Aus diesen Gesetzesbestimmungen geht nun hervor: 1. So lange ein Privilegium durch die im Voraus entrichtete Taxe gedeckt ist, kann dessen Erlöschung wegen Zeitablaufes nicht eintreten. 2. Derjenige, der die Taxe noch nicht für alle 15 Jahre bezahlt hat, ist berechtigt, um die Verlängerung seines Privilegiums bis zur Grenze der gesetzlichen Zeitdauer einzuschreiten, und wenn dies in gesetzmäßiger Form geschieht, so muß das Privilegium verlängert werden.

Diesen klaren Grundsätzen gegenüber unterliegt es keinem Zweifel, daß die Verlängerung eines Privilegiums nicht einer Neuertheilung gleichkommt, und daß die Verlängerung, obgleich darum „angesucht" werden muß, gar nicht der Gegenstand einer behördlichen Bewilligung sein kann, sondern daß sie zum Inbegriffe des mit dem Privilegium verliehenen Rechtes gehört, wenngleich die §§ 21 und 22 bei Aufzählung der Privilegialrechte von diesem Rechte keine Erwähnung machen. Es versteht sich eben von selbst, daß die Befugnisse des Privilegirten so lange dauern als sein Privilegium gesetzmäßig dauert, und nicht etwa nur so lange, als die Privilegiums-Urkunde infolge der ersten Taxentrichtung vielleicht angibt. Es ist allerdings nicht in Abrede zu stellen, daß die Redeweise des Gesetzes in den oben citirten Paragraphen über die Verlängerung eines Privilegiums, und daß namentlich die Worte des § 21 („für die Anzahl von Jahren, auf welche sein Privilegium lautet") zu einer entgegengesetzten Deutung Anlaß geben können, wenn man sie nicht im Zusammenhange betrachtet. Unbestreitbar ist jedoch, daß die einzelnen Gesetzesstellen in keinem Falle so ausgelegt werden dürfen, daß sie unter sich einen Widerspruch enthalten, und daß die oben hervorgehobenen zwei Grundsätze maßgebend sein müssen für die richtige Interpretation al'er übrigen auf die Verlängerung Bezug nehmenden Ausdrücke des Gesetzes. Allerdings wurde von 1852 bis 1884 die Privilegiums-Urkunde nur für die Anzahl von Jahren ausgestellt, für welche bei Einbringung des Verleihungs-Gesuches die Taxen bezahlt wurden. Allein auch die später en Annuitätszahlungen, bezw. die auf Grund derselben bewirkten Verlängerungen sind jederzeit in die Urkunde selbst eingetragen worden, deren einzelne Theile selbstverständlich ein integrirendes, untrennbares Ganze bilden; und man konnte also mit Recht sagen, das Privilegium „laute" für eben so viele Jahre, als aus dem Contexte der Urkunde zu entnehmen sind. Und dem Handelsministerium ist es niemals in den Sinn gekommen, die Verlängerungsnormen anders zu deuten als auf die hier entwickelte Art und Weise. Nur in den Vereinigten Staaten von Nordamerika machte sich in neuerer Zeit die Anschauung geltend, ein österreichisches Privilegium, welches ursprünglich (nach Maßgabe der ersten Taxentrichtung) auf weniger als 15 Jahre „lantete", sei nach unserem Gesetze trotz § 25 und 27 überhaupt kein 15jähriges Privilegium, und werde daher erst allmälig durch die successiven Taxeinzahlungen zu einem 15jährigen „verlängert", während doch jedes österreichische Privilegium schon kraft des Gesetzes ein 15jähriges ist, dem Privilegirten aber freisteht, die Taxen ratenweise zu bezahlen, wobei allerdings die Versäumung einer solchen Annuitätenzahlung zur Folge hat, daß das Privilegium erlischt. Um Mißdeutungen vorzubeugen, nahm daher das Handelsministerium als Vollzieher des Privilegien-Gesetzes im Jahre 1884 eine Aenderung in den Urkunden-Formularien vor, wonach das Privilegium ohne jede Bezugnahme auf eine gewisse Anzahl von Jahren, lediglich mit Hinweisung auf die Bestimmungen des Privilegien-Gesetzes ertheilt wird, und wo im Contexte der Urkunde überhaupt nicht mehr von Verlängerungen die Rede ist, sondern lediglich die erfolgte Einzahlung der Annuitäten bestätigt wird. Aus dem Gesagten erhellt aber auch, daß es keine glückliche Ausdrucksweise unseres Gesetzes ist, die Aufrechthaltung eines Privilegiums innerhalb der gesetzlichen Dauer von 15 Jahren eine Verlängerung zu nennen. Von einer wirklichen Verlängerung kann nur da die Rede sein, wo dem Privilegium die Grenze der Dauer durch das Gesetz gesteckt ist, wo also beim Ablauf der 15 Jahre der außerordentliche Weg eines Appells an die Krone, an die Person und Gnade des Monarchen beschritten werden muss, um einen weiteren Fortbestand des Privilegiums zu erwirken. Es versteht sich übrigens von selbst, daß diese Verlängerung noch vor dem Ende der gesetzlichen Schutzfrist erwirkt werden muss, um die Erlöschung des Privilegiums hintauzuhalten.

4. Verlust der Privilegialrechte.

Sämmtliche Fälle, in denen das Privilegialrecht verloren geht, lassen sich unter der gemeinsamen Bezeichnung „Ungiltigkeitsfälle" zusammenfassen, denn § 29, der dieselben aufzählt, beginnt mit den Worten: „Die Privilegien verlieren ihre Giltigkeit". Diese Giltigkeit kann aber auf dreierlei Arten verloren werden, nämlich:
1. Durch Nullitäts-(Nichtigkeits-)Erklärung,
2. durch Aufhebung des Privilegiums,
3. durch Erlöschung desselben.

Für die Nullitätserklärung, welche mit Rücksicht auf die Form, in der sie ausgesprochen wird, auch Nullitätserkenntnis heißt, bedient sich das Gesetz per parenthesis noch der Bezeichnungen „Cassation, Aufhebung", ohne zu sagen, ob diese Nebenbezeichnungen auf alle Nichtigkeitsfälle gleichbedeutend anzuwenden sind.

In der Praxis der Privilegial-Verwaltung wird das Wort „Cassation" für Nullitätserklärung sehr selten gebraucht. Was aber den Ausdruck „Aufhebung" betrifft, so wird im Folgenden gezeigt werden, daß er sich zweckmäßig auf eine besondere Art von Nullitätsfällen anwenden lässt, die sich von den übrigen Nullitätsfällen in sehr charakteristischer Weise unterscheidet.

Ad 1. Die Nullitätserklärung kann eintreten:

a) Wegen Mangels der gesetzlichen Erfordernisse zu einem Privilegium;

b) wenn eine Verpflichtung, von welcher die Giltigkeit des Privilegiums bedingt ist, nicht erfüllt wird;

c) wenn das Privilegium mit öffentlichen Rücksichten in Widerspruch tritt.

Vor Allem muss hervorgehoben werden, daß die Nullität, von der in diesen drei Punkten die Rede ist, in jedem einzelnen derselben ganz verschiedener Natur ist, ohne daß das Gesetz die wesentlichen Unterschiede irgend wie bezeichnet. Auch kann man von einem mit wirklicher Nullität behafteten Privilegium überhaupt nicht sagen, daß es durch die Nullitätserklärung seine Giltigkeit verliere.

Die Ungiltigkeit irgend eines Rechtsverhältnisses und mithin auch des in einem Privilegium begründeten Rechtes datirt entweder schon von dem Augenblicke seiner Entstehung, oder von einem späteren Zeitpunkte. Im ersten Falle hat das Privilegium gar nie zu Recht bestanden, hat also eine rechtliche Giltigkeit gar nie besessen und sonach — streng genommen — auch keine zu verlieren; nur die Ungiltigkeitserklärung folgt hinterdrein; im zweiten Falle tritt die Ungiltigkeit selbst erst nach der Ertheilung des Privilegiums ein.

Wenn nun § 29 des Privilegien-Gesetzes mit den Worten beginnt: „Die Privilegien verlieren ihre Giltigkeit: 1. durch Nullitäts- oder Nichtigkeitserklärung", so ist das „Verlieren" hinsichtlich der vom Hause aus ungiltigen (d. i. der wirklich nichtigen) Privilegien jedenfalls nur im uneigentlichen Sinne zu verstehen, denn im eigentlichen Sinne passt es nur auf jene Privilegien, die rechtsgiltig ertheilt wurden und daher von Anfang an giltig waren.

Die Bestimmung, daß ein Privilegium nichtig sei, sobald eine seine Giltigkeit bedingende Verpflichtung unerfüllt bleibt, erscheint in dieser Form ungenau, denn die Gründe der Ungiltigkeit sind keineswegs identisch mit denen der Nullität. Lit. *b* des Punktes 1 in § 29 lässt sich also nur insofern acceptiren, als damit solche Verpflichtungen gemeint sind, an deren Erfüllung die rechtsgiltige Ertheilung eines Privilegiums geknüpft worden ist. Es bedarf keiner Auseinandersetzung, daß hier nicht an jene Ertheilungsbedingungen, bezw. Verpflichtungen zu denken ist, welche schon das Privilegien-Gesetz aufstellt; denn auf solche Verpflichtungen nimmt § 29 schon in Punkt 1 lit. *a* (Nullität wegen Mangels der gesetzlichen Erfordernisse zu einem Privilegium) die umfassendste Rücksicht. Es können also in lit. *b* nur solche Verpflichtungen gemeint sein, von denen etwa die Regierung bei Verleihung des Privilegiums die Rechtsgiltigkeit dieser Verleihung abhängig macht. Falls nun solche Bedingungen wirklich gestellt wurden, lässt sich gegen die gesetzliche Norm und ihre Anwendung vom legalen Standpunkte aus allerdings nicht ankämpfen. Wir glauben jedoch, daß die Auflegung derartiger Verpflichtungen mit der Natur einer Privilegiums-Ertheilung gar nicht zu vereinbaren wäre. Jedes Privilegium ist, wenn der Gegenstand der Erfindung nicht etwa unter die Privilegien-Verbote fällt, unbedingt zu ertheilen, denn sobald die Verleihung nicht gesetzlich ausgeschlossen ist, begegnet sie keiner gesetzlichen Beschränkung irgend welcher Art, und über das Gesetz kann und darf sich die Regierung bei Verleihung eines Privilegiums nicht hinwegsetzen, sie kann und darf die Giltigkeit der Verleihung nicht in beliebiger Weise verclausuliren.

Hingegen war es in früheren Zeiten allerdings Gepflogenheit, dem Privilegirten bei Hinausgabe der Privilegiums-Urkunde zuweilen anzukündigen, das Privilegium werde ihm nur unter der Bedingung verliehen, daß er die auf die Ausübung desselben bezüglichen Gesetze und Vorschriften, z. B. die Verordnungen in Hinsicht auf die Fabrikation von Lack, Theer, auf Dampfkessel, Sprengmittel u. dgl., genau beobachte.* Derartige Bedingungen für die Ausübung eines ertheilten Privilegiums sind aber bereits vom Privilegien-Gesetz selbst (§ 19) in Betracht gezogen und daselbst ausdrücklich nicht als Bedingungen, von denen die rechtsgiltige Ertheilung des Privilegiums abhängt, bezeichnet worden. Diese Ertheilung soll nur keine Dispens von der Beobachtung der bestehenden Vorschriften bei Ausübung des Privilegiums bedeuten. Eben deshalb werden auch schon seit Jahren in den Ministerial-Erlässen, mit welchen die Privilegien-Urkunden hinausgegeben werden, die auf § 19 hinweisenden Clauseln als überflüssig ganz weggelassen. Dem Gesagten zufolge erscheint § 29, 1 b hinsichtlich seiner praktischen Anwendbarkeit im Grunde genommen gegenstandslos, und man kann die Frage über die theoretische Berechtigung des dort aufgestellten Nullitätsgrundes bei Seite lassen.

A d 2. In Punkt 1 c reiht § 29 ein Privilegium auch dann in die Kategorie der „nichtigen", „wenn es mit öffentlichen Rücksichten in Widerspruch tritt (§ 19)". Man erkennt sofort, daß ein Privilegium, welches nicht schon von Anbeginn in einem solchen Widerspruche war, sondern erst nachträglich in denselben tritt, in keinem Falle nichtig und Gegenstand einer Nichtigkeitserklärung sein, d. h. als „niemals ertheilt" betrachtet werden kann. Der Beweis hiefür wird aber auch durch das Gesetz selbst erbracht, indem es sich auf § 19 beruft. Dieser § 19 bedingt nämlich durch öffentliche Rücksichten (gesetzliche Anordnungen und Vorschriften) nicht das Privilegium selbst, sondern nur dessen Ausübung, welche im Falle einer auf Grund dieses Paragraphen erfolgenden Beschränkung oder Untersagung eben nur im beschränkten Maaße oder auch gar nicht stattfinden darf, „ohne daß das Privilegium eine Ausnahme davon zu begründen vermag".

Insofern also § 29 1 c mit Berufung auf § 19 einen „Nichtigkeitsfall" im Auge hat, kann sich diese Nichtigkeit keineswegs auf die Ertheilung des Privilegiums, sondern nur auf dessen Wirkungen beziehen, welche nach § 19 aufgehoben werden können.

Indem nun laut § 29, die Nichtigkeitserklärung ein Privilegium auch dann trifft, wenn es mit öffentlichen Rücksichten in Widerspruch tritt, anerkennt das Gesetz seinem Buchstaben nach zweierlei Nullitäten, eine echte und eine unechte; eine Nichtigkeit ex tunc (vom Anfang), und das ist die eigentliche Nichtigkeit, und eine Nichtigkeit ex nunc, welche in einem späteren Momente die Wirkungen aufhebt.

Letztere Nichtigkeit entspricht aber dem wissenschaftlichen Begriffe der „Nichtigkeit" einer Privilegiums-Ertheilung keineswegs, weil ihm zufolge das, was nichtig ist, niemals zu Recht bestanden haben und nie ein Recht begründen konnte.

Es muss demnach gestattet sein, den sogenannten Nichtigkeitsfall sub § 29, 1 c auf die nachträgliche Beschränkung oder den nachträglichen Verlust der praktischen Geltung des Privilegiums zu reduciren, der nach der Fassung des § 19 sogar nur ein zeitweiliger sein kann und daher weder mit der wirklichen Nichtigkeit, noch mit der Erlöschung identificirt werden darf. Mit der Erlöschung lässt sich diese eigenthümliche Nullitätsart auch darum nicht identificiren, weil sie vom Gesetze ausdrücklich den Erlöschungsarten entgegengestellt und als Nullitätsfall bezeichnet wird. Deshalb erlauben wir uns, die uneigentliche Nichtigerklärung zum Unterschiede von allen übrigen Ungiltigkeitsfällen die Aufhebung eines Privilegiums zu nennen; ein Ausdruck, dessen sich das Gesetz in § 29 selbst bedient, wenngleich nicht mit directer Beziehung auf den einen Fall, auf welchen der Ausdruck von uns angewendet wird.

Des Weiteren wollen wir uns mit diesem ganz singulären Falle nicht befassen. Wir durften nicht versäumen, darauf hinzuweisen, daß der Nullitätsfall des Punktes 1 c in § 29 nach Wesen und Wirkung etwas ganz Anderes sein müsse, als die in Punkt 1 a desselben § bezeichneten Fälle wirklicher Nullität. Allein es wäre eine unstatthafte Willkür und zugleich überflüssig, die rechtlichen Folgen einer Privilegiums-Aufhebung aus unserem Privilegien-Gesetze ableiten und in positiver Form construiren zu wollen. Unzulässig, weil das Gesetz hiefür nicht den geringsten Anhaltspunkt bietet; überflüssig, weil sich's — unseres Wissens — seit dem Bestehen dieses Gesetzes niemals ereignet hat und nach menschlicher Voraussicht auch künftighin, so lange das Gesetz noch in Wirksamkeit bleibt, nicht ereignen wird, daß die Regierung aus öffentlichen Rücksichten genöthigt wäre, gemäß § 29 das Privilegium selbst für nichtig zu erklären, während sie stets den § 19 zur Hand hat, wonach die Ausübung jedes Privilegiums zeitweilig oder für immer untersagt werden kann. Dieser § 19 entledigt die Regierung aller Sorgen darüber, was im concreten Falle aus einer Anwendung des § 29, 1 c möglicherweise entstehen könnte.

Ad 3. Die Erlöschung eines Privilegiums tritt ein:
a) Wenn dasselbe nicht rechtzeitig ausgeübt wurde,
b) wenn seine Dauer abgelaufen ist, und
c) wenn es freiwillig zurückgelegt wird.

Ueber den Ablauf der Dauer wurde schon oben gesprochen; über den Erlöschungsfall wegen freiwilliger Zurücklegung ist nichts weiter zu bemerken, als daß sich vielleicht fragen ließe, ob die Erlöschung schon mit dem Tage der Rücklegungs e r k l ä r u n g (seitens des Privilegirten) oder mit dem Tage der Erlöschungs k u n d m a c h u n g eintrete. Für die erstere Ansicht spricht der Wortlaut des Gesetzes, welcher sagt: „Die Erlöschung tritt ein, wenn das Privilegium freiwillig z u r ü c k g e l e g t wird", ferners der Umstand, daß auch in den beiden anderen Erlöschungsfällen nicht die Kundmachung, sondern die Thatsache, auf welcher die Erlöschung beruht, dem erwähnten Wortlaute des Gesetzes zufolge für die Wirksamkeit der Erlöschung maaßgebend ist. Die zweite Ansicht aber könnte damit vertheidigt werden, daß das Publicum, solange es von der eingetretenen, aber noch nicht kundgemachten Erlöschung keine Kenntnis hat, das Privilegium als in Kraft stehend betrachten und respectiren muss. Allein eben dieser Grund ließe sich auch bei den Fällen a und b geltend machen, und es ist nicht einzusehen, weshalb gerade bei dem Falle c eine Ausnahme gerechtfertigt sein sollte. Die Erlöschung tritt ipso facto ein und das Handelsministerium hat lediglich — nach Anordnung des § 28 — „das e r f o l g t e Aufhören" der Giltigkeit des Privilegiums ordnungsmäßig zu p u b l i c i r e n.

Eine nähere Betrachtung muss dem Erlöschungsfalle wegen Unterlassung der gesetzmäßigen Ausübung gewidmet werden. Das Gesetz verlangt, daß jedes Privilegium im Inlande zur „Ausübung" gelange, macht aber einen freilich nicht im Wortlaute des Paragraphs, sondern in der Sachlage begründeten wesentlichen Unterschied zwischen der Ausübung während des ersten Jahres, welches vom Datum der Privilegiums-Urkunde an gerechnet wird, und der Ausübung in der späteren Zeit. Für das erste Jahr genügt der B e g i n n der Ausübung, in der Folgezeit hingegen darf die Ausübung niemals „durch volle zwei Jahre gänzlich unterbrochen" werden.

Was hat man hier unter Ausführung zu verstehen? Keineswegs die der Privilegialrechte als solcher, sondern eine Pflicht, die dem Privilegirten auferlegt ist, damit die inländische Industrie, welche auf die Freigebung der privilegirten Erfindung vielleicht volle 15 Jahre warten muss, während der Privilegiumsdauer wenigstens an der Ausübung des Privilegiums sich betheiligen und in derselben eine Beschäftigung finden kann. Die pflichtmäßige Ausübung liegt also offenbar nicht darin, daß der Privilegirte den Gegenstand seiner Erfindung im Inlande blos in den Verkehr oder in Anwendung bringe, durch Ausstellung u. dgl. bekannt mache, sondern darin, daß er die heimischen Arbeitskräfte an der Herstellung (Erzeugung) des privilegirten Gegenstandes theilnehmen lässt. Daß die gesetzliche Bestimmung keinen andern Sinn als diesen habe, geht mit voller Deutlichkeit aus einer durch die „Wiener Zeitung" vom 22. November 1871 verlautbarten Kundmachung des österreichischen Handelsministeriums hervor. Mit dieser Ansübung muss binnen des ersten Jahres der Anfang gemacht werden, sie braucht aber eben deshalb noch keine vollständige zu sein. Ja es liegt in der auch von der Regierung stets anerkannten Billigkeit begründet, daß sogar schon die Vorbereitungen zur Erzeugung des privilegirten Gegenstandes als Beginn der Ausübung angesehen werden, sofern sie mit Bestimmtheit erkennen lassen, daß sie auf die Erzeugung dessen abzielen, was den eigentlichen Gegenstand des Privilegiums oder doch einen wesentlichen Theil desselben bildet.

Allein nur während des ersten Jahres begnügt sich das Gesetz mit dem Beginne der Erzeugung. Nach Ablauf dieser Frist dürfen unter was immer für Umständen niemals zwei volle Jahre verstreichen, ohne daß der privilegirte Gegenstand mindestens einmal zur Ausübung gelangt, und diese Ausübung darf sich nicht mehr im Stadium des „Anfangs" befinden. Leider bringt das Gesetz den Gegensatz der beiden Ausübungsarten so schlecht zum Ausdrucke, daß der Wortlaut zu groben Mißverständnissen Anlass geben kann*). Es möchte scheinen, als ob nach

---

*) „Wenn der Privilegirte nicht längstens binnen Einem Jahre .... auszuüben angefangen, oder wenn er diese Ausübung durch volle zwei Jahre gänzlich unterbrochen hat."

Ablauf des ersten Jahres eben nur die Ausübungsart, die für den Anfang zulänglich war, nicht gänzlich unterbrochen werden dürfe. Eine solche Auslegung würde aber im Sinne des Gesetzes entschieden ad absurdum führen, denn sie hätte zur nothwendigen Folge, daß das Privilegium vom zweiten Jahre an noch unvollständiger als im ersten Jahre, nämlich in zwei Jahren nur einmal, und dies nur im Umfange des erstjährigen Beginns ausgeübt zu werden braucht. So etwas kann das Gesetz in keinem Falle wollen, und eben darum kann unter der gesetzmäßigen Ausübung nach dem ersten Jahre nur eine solche verstanden werden, die den Gesammtinhalt des Privilegiums zum Gegenstande hat. Um der Erlöschung zu entgehen, darf die Ausübung des vollständigen Privilegiums-Inhaltes während der Dauer des Privilegiums nicht zwei Jahre lang gänzlich unterbrochen werden. Von dem geschäftlichen Umfange der Ausübung sieht das Gesetz hiebei ab; gefordert wird nur, daß das Privilegiums-Object im Inlande erzeugt, und nicht etwa blos aus dem Auslande importirt werde. Neben der inländischen Erzeugung ist der Import keineswegs verboten, aber es bleibt dem Handelsministerium überlassen, im gegebenen Falle zu beurtheilen, ob die inländische Erzeugung im Verhältnisse zur Einfuhr nicht etwa als blosse Scheinausübung zu betrachten sei. Die Milde der gesetzlichen Forderung darf nicht dazu verleiten, an dem Ernste der Absicht zu zweifeln: daß das Inland nicht blos zum Weideplatze für die ausländische Industrie gemacht werden solle.

Beachtung verdient die Art, wie die Ausübungsperioden, zwischen denen § 29 unterscheidet, berechnet werden müssen.

Für die Dauer des ersten Jahres ist das Datum der Privilegiums-Urkunde maaßgebend. Es müsste also ein z. B. am 30. Jänner 1880 ertheiltes Privilegium spätestens bis zum 30. Jänner 1881 auszuüben begonnen worden sein. Die folgenden Perioden von je zwei Jahren, deren erste sofort mit Ablauf des Vorbereitungsjahres beginnt, richten sich aber nicht mehr ohneweiters nach dem Privilegiumsdatum, sondern nach dem Tage der letzten nach Ablauf des Beginnsjahres vollzogenen vollständigen Ausübung.

Wenn die vom Gesetze verlangte inländische Ausübung wirklich stattfand, dann schadet es dem Fortbestande des Privilegiums nicht, falls etwa dem Privilegirten nachgewiesen würde, daß er Gegenstände, welche nach seinem Privilegium im Auslande erzengt wurden, ins Inland eingeführt habe.

Das französische Patentgesetz vom Jahre 1844 ist in dieser Hinsicht viel strenger, denn es bestraft den Patentirten in einem solchen Falle mit dem Verluste des Patentes, mag er immerhin den patentirten Gegenstand auch in Frankreich erzengen Diese Strenge ist späterhin nur wenig gemildert worden und erst der internationale Unionvertrag vom 20. März 1883 zum Schutze des industriellen Eigenthums versetzte ihr einen schweren Stoß, indem Artikel 5 des Vertrages erklärt: „Wenn der Patentirte die in einem Unionstaate erzeugten Gegenstände (seines Patentes) in das Land einführt, wo sie patentirt sind, verliert er sein Patent nicht." Oesterreich-Ungarn ist jedoch der Union bisher noch nicht beigetreten, und auf unseren Erfindern lastet daher in Frankreich noch immer die drakonische Bestimmung des Gesetzes vom Jahre 1844.

Obgleich das österreichische Privilegien-Gesetz dem französischen in vielen Stücken nachgebildet ist, so wollte es doch in der Begünstigung der inländischen Industrie nicht so weit gehen wie sein Vorbild. Indessen kam auch in Oesterreich eine Zeit, wo man sich durch die Ueberzahl der an Ausländer ertheilten Privilegien lebhaft beunruhigt fühlte und sich entschloss, etwas zu verfügen, damit wenigstens die inländische Ausübung der Ausländer-Privilegien sicher gestellt werde.

Im November 1871, also 19 Jahre nach Activirung des Privilegien-Gesetzes vom Jahre 1852, erschien eine Verordnung des österreichischen Handelsministeriums, wornach Ausländer die Verlängerung ihres Privilegiums nur unter der Bedingung erwirken konnten, daß sie den Nachweis der geschehenen gesetzmäßigen Ausübung erbrachten, widrigenfalls das Privilegium als erloschen erklärt wurde. Da das Gesetz hinsichtlich der Ausübungspflicht nicht den geringsten Unterschied zwischen In- und Ausländern macht, so wäre es consequent gewesen, den gleichen Nachweis auch den Inländern aufzuerlegen.

Allein das Gesetz macht die Anfrechthaltung eines Privilegiums überhaupt von keinem Nachweise abhängig, sondern erklärt nur, daß durch Unterlassung der gesetzmäßigen Ausübung ein Privilegium erlösche. Bei den Inländern hat man auch seit 1871 in der Praxis niemals an die Forderung von solchen Nachweisen gedacht, sondern sich damit begnügt, der thatsächlichen Privilegiums-Ausübung im Streitfalle auf den Grund zu sehen. Der eigentliche Zweck der Verordnung: die Verminderung der Ausländer-Privilegien, wurde indess nicht erreicht und im März 1880 kehrte das Handelsministerium wieder zu der ursprünglichen Praxis zurück, welche in Uebereinstimmung mit dem Gesetze den Ausländern die gleiche Behandlung widerfahren lässt, wie den Inländern.

* * *

Nach dieser Besprechung der Ungiltigkeitsfälle überhaupt ist es nothwendig, noch insbesondere den Nichtigkeitsgründen im engeren und eigentlichen Sinne einige Aufmerksamkeit zu schenken. § 29 fasst dieselben in Punkt 1 *a* unter dem gemeinsamen Gesichtspunkte des „Mangels der gesetzlichen Erfordernisse zu einem Privilegium" zusammen und fügt sodann in drei Absätzen (*aa, bb, cc*) einige der wichtigsten Nullitätsfälle gleichsam erläuterungsweise an.

Die gesetzlichen Erfordernisse für ein Privilegium sind folgende:

Der Gegenstand des Privilegiums muss

a) eine Erfindung sein, welche ein industrielles Erzeugnis, Erzeugungsmittel oder Erzeugungsmethode (Verfahren) enthält und

b) neu ist (§ 1), und

c) deren gleichzeitig mit dem Ansuchen um das Privilegium vorzulegende Beschreibung den Anforderungen des § 12 entspricht. Der Gegenstand des Privilegiums darf ferners

d) nicht mit einem schon früher ertheilten und noch in Kraft stehenden Privilegium identisch (§ 29, 1 *a, cc*) und

e) nicht durch das Gesetz ausdrücklich von der Privilegirbarkeit ausgeschlossen sein (§§ 2 und 3).

Es dürfte seit dem Bestande des Privilegien-Gesetzes vom Jahre 1852 kein einziger Fall vorgekommen sein, wo die Frage über die rechtsgiltige Ertheilung oder die Nullität eines Privilegiums aus anderen als den hier genannten Gründen zu entscheiden war. Und doch lässt sich wohl denken, daß bei Ertheilung eines Privilegiums Mängel anderer Art unterlaufen, daß gewisse vom Gesetze für die Parteien oder für die Behörden gegebene Ordnungsvorschriften außer Acht geblieben sind.

Was hat nun zu geschehen, welche gesetzliche Folge tritt ein, wenn es sich herausstellen sollte, dass die Ertheilung des Privilegiums mit einem Gebrechen letzterer Art behaftet, dass z. B. die Taxe nicht vollständig entrichtet worden sei? Wird das Handelsministerium zur Nichtigkeitserklärung schreiten müssen, selbst wenn sich der Fehler nachträglich gutmachen liesse?

Leider ist uns kein Präcedenzfall bekannt, an dem nachgewiesen werden könnte, daß und wie diese Frage von der competenten Behörde thatsächlich beantwortet worden sei. Zieht man aber nicht blos den Wortlaut eines einzigen, in mehreren Punkten ungenau stylisirten Paragraphes, sondern auch den Geist und das Sinngemässe des ganzen Gesetzes in Betracht, dann erscheint es uns nicht möglich, ohneweiters und im Allgemeinen zu behaupten, daß das Handelsministerinm **verpflichtet** wäre, jedes Privilegium zu anulliren, bei dessen Erlangung nicht **alle** gesetzlichen Vorschriften erfüllt wurden.

Darf aber vielleicht gesagt werden, daß das Ministerium in gewissen, vom Gesetze nicht bestimmt entschiedenen Fällen die **discretionäre Befugnis** habe, zu anulliren oder nicht zu anulliren? Auch zu diesem Zweifel gibt die Textirung des §. 29 Anlass. Denn das Gesetz erklärt apodiktisch: Privilegien verlieren ihre Giltigkeit durch Nullitätserkenntnis, wenn eine Verpflichtung nicht erfüllt wird, welche die Giltigkeit des Privilegiums bedingt, und wenn es mit öffentlichen Rücksichten in Widerstreit tritt. Ebenso **apodiktisch** spricht das Gesetz von der Erlöschung. Dort aber, wo es sich um **den Mangel der gesetzlichen Erfordernisse** zu einem Privilegium handelt, sagt dasselbe Gesetz im selben Paragraph; die Nullitätserklärung „**kann eintreten**". Sollte nun etwa in diesen letzteren Fällen, vorausgesetzt, daß sie wirklich eingetreten sind, dem administrativen Ermessen Raum gegeben sein, so daß die Regierung die **Wahl** hätte, je nach Umständen die Nullität auszusprechen oder nicht?

Diese Frage muss entschieden mit Nein beantwortet werden. Wollte man hier dem administrativen Ermessen Raum geben, so müsste angenommen werden, dass die Stellung der erkennenden Behörde zu einem Privilegium, wenn es sich um die Fälle sub 1, lit. *b* und *c* handelt, durch das Gesetz enge gebunden worden sei, in den vorausgehenden Fällen des Absatzes 1 (lit. *a*) aber nicht. Zu einer solchen Annahme liegt aber nicht der geringste legale Grund vor, weil die Natur eines Privilegiums in allen Fällen die gleiche ist, und weil ein Arbitrium der Behörde am wenigsten dann zulässig erscheint, wenn ein Erkenntnis über ein durchgeführtes Processverfahren zu schöpfen ist, wie es nach 1*a*, *bb* und *cc* vorkommen muss.

Durch das Wort „kann" — in Verbindung mit den folgenden „wenn" will also das Gesetz nur soviel sagen:

Es können verschiedene Fälle eintreten, die alle zu einer Nullitätserklärung führen;

wenn aber einer der taxativ aufgezählten Fälle eintritt,

dann muss das Privilegium annullirt werden, weil es seine Giltigkeit verloren, oder, richtiger gesagt, eine Giltigkeit nie gehabt hat.

Es wird unter diesen Umständen gänzlich der Rechtsprechung des Ministeriums überlassen bleiben müssen, vorkommenden Falles zu entscheiden, ob eine Bedingung, welche behufs Erlangung eines Privilegiums hätte erfüllt werden sollen, ihrer Natur nach die Giltigkeit der Privilegiums-Ertheilung tangire oder nicht.

* * *

Es erübrigt noch, im Zusammenhange mit der Lehre von der Ungiltigkeit der Privilegien auf § 30 Rücksicht zu nehmen, welcher sagt: „Sobald ein Privilegium seine Giltigkeit verloren hat, steht die Benützung der diesbezüglichen Erfindung unter Beobachtung der bestehenden Gewerbegesetze und sonst einschlägigen Anordnungen allgemein frei."

In dieser allgemeinen Fassung sagt der Paragraph unstreitig zu viel; denn es ist nach der Sach- und Rechtslage unmöglich, daß in Folge des Ungiltigwerdens eines Privilegiums aus was immer für einer Ursache die durch dieses Privilegium geschützte Erfindung unter allen Umständen zum Gemeingute werde.

Es können nämlich sehr wohl auf eine und dieselbe Erfindung zwei oder mehrere Privilegien an verschiedene Personen verliehen worden sein, und da ist es denn undenkbar und mit dem den privilegirten Erfindungen gewährleisteten Rechtsschutze absolut unvereinbar, daß die Ungiltigkeit eines Privilegiums ohneweiters zur Ungiltigkeit aller anderen, auf dieselbe Erfindung ertheilten Privilegien führe. Vielmehr ist in jedem einzelnen Falle genau zu unterscheiden:

1. was für ein **Ungiltigkeitsgrund** vorliege (Erlöschung oder Nullität), und

2. ob das auf eine oder die andere Art ungiltig gewordene Privilegium den übrigen (identischen) Privilegien gegenüber **das ältere oder das jüngere** sei. Hält man sich nun die verschiedenen Eventualitäten vor Augen, so stellen sich die Verhältnisse im Wesentlichen folgendermaßen dar.

1. Erlöschungsfälle:

a) Das erloschene Privilegium ist (der Priorität nach) das ältere. In diesem Falle hat § 30 die Folge, daß das jüngere ipso facto erlischt. Da jedoch § 29, der die Erlöschungsfälle taxativ aufzählt, von dieser besonderen Erlöschungsart keine Notiz nimmt und eine Erlöschungserklärung doch stets auf § 29 gestützt sein muß, so geht es nicht an, gegen das jüngere Privilegium — selbst im Falle einer gegen seine Giltigkeit erhobenen Klage — mit einer Erlöschungserklärung vorzugehen. In diesem Punkte ist § 29 zweifellos lückenhaft. Gleichwohl kann sich Derjenige, der das Gemeingut benützt, gegen eine etwaige Eingriffsklage auf Grund des jüngeren Privilegiums durch den bloßen Hinweis auf § 30 wirksam schützen (§ 58).

b) Das erloschene Privilegium ist das jüngere. In diesem Falle kann trotz des § 30 eine schädliche Rückwirkung auf die Fortdauer des identischen älteren Privileginms nicht eintreten und der Besitzer dieses letzteren wird berechtigt sein, gegen Jeden, der die vermeintlich zum Gemeingute gewordene Erfindung frei benützt, die Klage wegen Eingriffs in sein Privilegium mit voller Wirkung zu erheben.

Denn in Wirklichkeit konnte der Gegenstand des jüngeren Privilegiums durch dessen Erlöschen gar nicht Gemeingut werden, weil er noch immer factisch und rechtlich unter dem Schutze des giltigen und aufrechten älteren Privilegiums steht, dem gegenüber vielmehr das identische jüngere von Anfang an nie eine selbstständige Berechtigung hatte und nur darum nicht annullirt werden konnte, weil der Besitzer des älteren Privilegiums sein Recht auf Nichtigkeitsklage aus dem Titel der Identität nicht geltend machte. Das Privilegien-Gesetz ist zum Schutze der Erfindungen gegeben und muss daher den Besitzer eines rechtmäßig ertheilten, annoch in Kraft stehenden Privilegiums ganz besonders dann schützen, wenn er in Gefahr käme, sein gutes Recht dadurch zu verlieren, daß ein mit seinem Privilegium identisches, aber jüngeres und daher wesenloses Privilegium endlich erlischt. Sonst würde der ganze Privilegien-Schutz den Freibeutern preisgegeben sein, deren Geschäft darin bestünde, sich gerade auf die besten schon privilegirten Erfindungen ein neues Privilegium zu erwirken, und auf dasselbe sofort zu verzichten, damit der Gegenstand zum Gemeingut werde.

Auch für das Privilegien-Gesetz gilt der im § 6 allg. bürgerl. Gesetzbuch ausgesprochene Grundsatz: „Daß einem Gesetze in der Anwendung kein anderer Verstand beigelegt werden darf, als welcher aus der eigenthümlichen Bedeutung der Worte in ihrem Zusammenhange und aus der klaren Absicht des Gesetzgebers hervorleuchtet." Und es stünde zweifellos im geraden Widerspruche gegen die Absicht des ganzen Privilegien-Gesetzes, wenn § 30 so interpretirt werden wollte, daß der Gegenstand eines erloschenen Privilegiums ohne jede weitere Rücksicht, also auch dann zum Gemeingute werde, wenn ein nach demselben Privilegien-Gesetze giltig erworbenes und noch aufrechtes Privilegium älterer Priorität dadurch ungiltig werden sollte.

2. Nichtigkeitsfälle:

a) Das annullirte Privilegium ist das ältere. In diesem Falle hat das identische jüngere Privilegium niemals zu Recht bestanden und zwar infolge des über das ältere Privilegium gefällten Nullitätserkenntnisses, womit in merito bereits über den Rechtsbestand aller jüngeren identischen Privilegien entschieden wurde. Ein Erkenntnis über die Nichtigkeit dieser letzteren kann aber erst infolge besonderer, gegen diese Privilegien gerichteter Klagen ausgesprochen werden. Nur können sich solche Klagen nicht einfach auf § 30 stützen, obwol es nahe liegt, anzunehmen, daß eine Erfindung, die kraft des früher gefällten Nullitätserkenntnisses niemals einen Anspruch auf Privilegirung gehabt hat, daher im rechtlichen Sinne Gemeingut war, und nach § 30 als Gemeingut zu behandeln ist, nicht gleichzeitig noch den Gegenstand anderer Privilegien bilden könne. Allein es gibt keine gesetzlichen Nullitätsgründe ausser denen, die in § 29 aufgezählt sind, und unter diesen ist der rechtliche Charakter einer Erfindung als Gemeingut nicht aufgenommen. Sollte indessen dieses Gemeingut als solches wirklich benützt, d. h. die betreffende Erfindung schon vor dem Prioritätstage des jüngeren Privilegiums ausgeübt worden sein, dann läge allerdings ein Nullitätstitel vor, nämlich der des Neuheitmangels. Nun muss aber von jedem Privilegium, das nicht wegen Unterlassung der Ausübung als erloschen erklärt wurde, angenommen werden, daß der Privilegirte, so lange das Privilegium bestand, seine Pflicht gethan und dasselbe thatsächlich ausgeübt habe. Wer also infolge der Annullirung eines älteren Privilegiums die Annullirung des identischen jüngeren begehrt, ist berechtigt, sich auf die Präsumtion des Neuheitmangels zu stützen, und hat demnach gar keinen Anlass zu der formell unstatthaften Berufung auf § 30.

b) Das annullirte Privilegium ist das jüngere. In diesem Falle tritt keine Rückwirkung auf ein identisches älteres Privilegium ein, dessen Schicksal von der Besonderheit der obwaltenden Umstände abhängt.

Ist das jüngere Privilegium auf Grund des § 29, 1 *a*, ce annullirt worden, so versteht sich von selbst, daß das (ältere) Privilegium des Klägers, zu dessen Gunsten eben das Nullitäts-Erkenntnis gefällt wurde, unberührt bleibt, und es zeigt sich in diesem Falle wieder ganz deutlich, daß der Gegenstand des jüngeren Privilegiums, nachdem dieses seine Giltigkeit verloren hat, trotz § 30 nicht Gemeingut geworden ist, daß also die Anwendung des § 30 nach seinem isolirten Wortlaute, ohne Rücksicht auf andere Normen und den Geist des Gesetzes unstatthaft ist.